참된 복, 존재의 변화

진짜 기독교

김현회 지음

목차

추천사(이재학) · 4

서론. 기독교란 무엇인가? ········· 9

제1부. 팔복 I ····························· 27
심령이 가난한 자 | 애통한 자

팔복서론 · 29
제 일복 · 35
제 이복 · 46

제2부. 팔복 II ····························· 55
온유한 자 | 의에 주리고 목마른 자

팔복에 대한 오해 · 57
제 삼복 · 69
제 사복 · 79

제 3부. 팔복 III ···················· 91

긍휼히 여기는 자 | 마음이 청결한 자

제 오복 · 97

제 육복 · 112

제 4부. 팔복 IV ························ 139

화평케 하는 자 | 의를 위하여 핍박을 받은 자

제 칠복 · 144

제 팔복 · 158

제 5부. 소금과 빛 ···················· 179

결론. 열매를 맺는 성도의 삶 ······ 215

김현회 목사를 안 지 30여년이 흘렀다. 나는 함께 사역도 하며 가까이서 오래 교제해왔다. 내가 본 김현회 목사는 성경의 진지한 탐구가이며 탁월한 성경교사이다. 그는 성경을 깊이 연구한다. 나를 포함해 그를 아는 사람은 한결같이 그의 신학적 깊이와 해박함에 감탄을 하며 때로 질투도 한다. 그는 마틴 로이드 존스처럼 박식하고 깊으며, 존 스토트처럼 단순하고 명료하며, 알리스터 맥그라스처럼 어려운 내용을 쉽게 설명한다.

그의 글과 말은 화려하지 않지만 감동이 있다. 그는 흔들리지 않는 분명한 신학을 고집하면서도 기존의 신학구조에 얽매이지 않으며, 무엇보다 본문을 보는 통찰력이 남다르다. 그의 강의나 글은 곧 싫증나는 인스턴트 식품이 아니라 장인(匠

人)의 깊은 맛이 나는 일품요리와 같다. 질긴 육신적 고난을 통해 정제된, 웅숭한 말씀 묵상은 날카롭지 않지만 폐부 깊숙이까지 스며들 만큼 강렬하다.

그는 평소에 조용하고 수줍어하지만, 진리에 대해서만은 타협하지 않는 진지함과 열정과 확신이 있다. 그의 이러한 모습은 그의 모든 설교와 강의와 글에서 나타나며, 특히 그의 신간인 이 책 〈진짜 기독교〉에서 두드러지게 나타난다.

그는 본서에서 산상수훈의 근간(根幹)을 이루는 팔복과 빛과 소금의 비유를 다루고 있다. 산상수훈은 그리스도인의 대헌장이다. "다르게 살라"고 외치는 주님의 절규이다. 그럼에도 불구하고 그리스도인의 현실은 그렇지 못하다.

그는 세상이 기독교를 바라보는 냉정하고 혹독하며, 심지어 경멸하고 적대적이기까지 한 시선에 대해 말하면서, 이것은 진리를 왜곡하고 믿는 대로 살지 못하는, 세속화된 교회가 원인이라고 밝힌다. 다르게 살아야 할 교회가 세상과 별로 다르지 않은 모습에 세상이 실망하며 기복주의적 기독교에 환멸을 느끼는 데 있다고 진단한다. 교회가 짠맛을 잃어 소금의 맛을 내지 못하고, 빛을 비추지 못하여 세상에 기독교의 참 가치를 보여주지 못했기 때문이라는 것이다.

저자는 본서에서 그리스도인들이 꼭 붙잡고 살아야 할 참 가치가 무엇이며, 또 하나님의 백성은 어떤 존재인지 팔복을 통해 제시하고 있다. 그는 많은 그리스도인들이 막연히 믿어 왔던 구원과 복에 대한 통념을 깨뜨리고 성경적인 정의를 명료하게 내려주고 있다. 팔복은 하나님 나라의 백성의 모습이고 초상화이므로, 그리스도인의 삶에 팔복이 이루어질 때 비로소 세상에서 소금과 빛의 역할을 할 수 있다고 강조한다.

이 책은 구원과 기독교적 참 가치, 진정한 기독교의 모습에 대한 선명한 가이드북이다. 이 책은 자신의 모습을 깊이 들여다보게 한다. 때로는 치부가 드러난 것 같이 부끄럽기도 하고 뜨끔하기도 하고 아리기도 하다. 그러나 그런 성찰을 통해 말씀의 능력이 부여하는 많은 깨달음과 도전과 확신이 있다. 아울러 하나님의 백성답게 살고자하는 새로운 용기와 힘과 소망을 준다.

우리는 그 어느 때보다 빛과 소금의 역할을 감당하며 세상에 영향력을 끼치며 사는 그리스도인들이 절실한 시대에 살고 있다. 이러한 때에 이 책이 출간되어 너무 반갑고 고맙다. 이 책이 다르게 살기를 갈망하는 모든 형제와 자매들에게, 그리고 하나님의 백성의 진정한 모습을 드러내며, 이 세상속의 거룩한 그리스도인으로 영향력을 끼치기를 원하는 모든 그리스도인에게 강력한 촉매제의 역할을 해주기를 기대하며 기도한다. 나는 사이다와 같이 시원하면서도 깊은 맛이 나는 뚝배기와 같은 이 책을 강력히 추천하는 바이다.

이재학 목사(디모데성경연구원 대표)

서론

기독교란
무엇인가?

예수께서 무리를 보시고 산에 올라가 앉으시니 제자들이 나아
온지라. 입을 열어 가르쳐 가라사대 심령이 가난한 자는 복이
있나니 천국이 저희 것임이요. 애통하는 자는 복이 있나니 저
희가 위로를 받을 것임이요. _마태복음 5장 1~4절

진정한 기독교, 존재의 변화

오늘 이 집회(후레즈노 사경회)를 시작으로 다섯 번에 걸쳐 메시지를 전하겠습니다. 예수님께서 산상수훈에서 가르쳐 주신 팔복과 소금과 빛에 대한 말씀입니다. 이 말씀은 저의 신앙생활에 가장 큰 영향을 끼친 말씀 중의 하나입니다. 소중한 말씀, 귀한 진리를 여러분과 나누게 되어서 기쁘고 감사합니다. 이번 사경회의 주제를 '진정한 기독교, 존재의 변화'라고 정했습니다.

가장 소중한 가치, 기독교 신앙

우리에게 소중한 기독교 신앙이 세상 사람들에게 적대시 받고 있습니다. 저에게는 '우리가 진정한 기독교를 알고 있는가?', '세상은 진정한 기독교를 보고 있는가?'라는 회의가 있습니다. 여러분, 저에게는 기독교가 제 목숨보다 더 소중합니다.

다시 말하면 기독교 신앙을 위해서라면 기꺼이 죽을 수도 있다는 것입니다. 물론 실제로 그 순간이 닥치면 제가 어떻게 반응할지는 장담할 수 없지만, 지금으로는 '기독교 신앙은 절대적 진리이다. 나는 이 기독교 신앙을 무엇과도 바꿀 수 없고, 내 목숨과도 바꿀 수 없다'는 것이 제 심정입니다. 기독교 신앙은 저에게 가장 소중한 가치요 보배입니다.

기독교 신앙이란 하나님을 믿고, 예수 그리스도를 믿는 것입니다. 우리 하나님은 어떤 분이십니까? 우리 하나님은 천지를 창조하신 창조주시며, 만왕의 왕, 만주의 주이시며, 온 우주를 다스리시는 절대 주권자이십니다. 우리 하나님은 거룩한 분이며, 온전한 선 자체이신 분입니다. 하나님은 진실하시고, 순결하시고, 의로우시며, 무엇보다도 우리를 사랑하시는 은혜의 하나님이시고, 우리의 아버지가 되시는 분이십니다. 그 하나님을 믿는 기독교 신앙, 그 하나님을 아는 기독교 신앙은 생각만 해도 가슴 벅찬 감동을 주지 않습니까?

또 우리 주 예수님은 어떤 분이십니까? 제가 제일 좋아하는 찬송가 중의 하나가 84장 '나 어느 날 꿈속을 헤매며'입니다. "나 어느 날 꿈속을 헤매며 어느 바닷가 거닐 때, 그 갈릴리 오신 이 따르는 많은 무리를 보았네." 라는 그림 같은 시작에 이어지는 노랫말은 "나 그때에 소경이 눈을 뜨는 것 보았네. 그 갈릴리 오신 이 능력이 나를 놀라게 했도다."입니다. 소경의 눈을 뜨게 하시고, 앉은뱅이를 일으키시고, 심지어 죽은 자를 살리시는 큰 능력을 행하셨을 뿐 아니라 우리를 너무나 사랑하시고, 우리를 위하여 십자가를 지고 돌아가신 예수님, 부활하시고, 승천하셔서 이제는 하나님 우편에 앉아 계신, 하늘과 땅의 모든 권세를 갖고 계신 그 주님을 믿는 기독교 신앙을 무엇과 바꿀 수 있겠습니까? 무엇과 비교할 수 있겠습니까? 사도 바울은 이 신앙이 너무 소중해서, 주 예수 그리스도를 아는 지식이 가장 고상해서, 자기에게 유익하던 모든 것을 다 해로 여길 뿐 아니라 배설물로 여긴다고 말할 정도였습니다.

세상이 배척하는 진리

하지만 세상은 이 기독교 신앙에 대해 달리 생각하고 있습니다. 요즘 사회가 교회를 바라보는 시각은 정말 무서울 만큼 냉정하고 혹독합니다. 교회를 반대하고 부인하는 정도가 아니라, 혐오하고, 경멸하고, 적대감을 드러냅니다. 안티기독교사이트에 들어가면 세상이 교회에 대하여 품고 있는 적대적인 시각을 실감할 수 있습니다. 그들이 우리를 향해서 그런 감정을 드러내는 것에는 나름의 이유가 있을 것입니다. 저는 그 이유가 무엇일까 하고 생각해 봅니다.

기독교 진리 자체를 세상 사람들은 거부하고 있습니다. 우선 기독교의 진리 자체가 그들에게 걸림이 됩니다. 예수님은 당신 자신을 '거치는 반석'이라고 말씀하셨습니다. 예수님에게 걸려 넘어지는 사람이 너무 많을 것이라는 뜻입니다. 사도 바울은 '세상의 눈에는 미련하게 보이는 메시지로 이 세상에 하나님을 알린다.'고 했습니다. 기독교가 주장하고, 선포하는 진리 중에는 세상이 도저히 받아들일 수 없는 것들이 있습니다. 그 대표적인 것이 '오직 예수님만이 구원의 길'이라고 주장하는 예수 그리스도의 유일성입니다. 세상은 예수님을 존경하고, 인정해 줄 마음은 있지만, 그것은 여러 성인(聖人) 중의 하나, 인류의 위대한 스승 중의 하나, 공자, 석가모니, 소크라테스 같이 훌륭한 분들 중의 하나로 인정하는 것입니다.

그러나 기독교인들의 주장은 그 정도가 아니라 "예수 그리스도는 다른 인간과 비교할 수 있는 대상이 아니다. 예수 그리스도는 온전한 사람이시지만, 동시에 온전한 하나님이시다. 그 분을 통하지 않고는 하나님께로 갈 길이 없고 구원이 없다."는 것입니다. 이런 기독교의 유일성, 그리스도의 유일성을 주장하는 기독교인들에 대해서 세상 사람들은 불편을 느낍니다. 그들은 "너희만 옳단 말이냐? 다원주의의 시대에 어찌 기독교만 절대적 진리라고 주장할 수 있단 말이냐?"라고 반발합니다.

우리는 기독교를 복음, 좋은 소식이라고 선포하지만, 믿지 않는 사람들에게는 좋은 소식이 아닙니다. 그들에게는 심지어 불쾌한 소식입니다.

기독교는 구원의 길을 말하기에 좋은 소식인데, 그 구원을 받아들이면 우리가 구원이 필요한 존재, 즉 "당신들은 죄인이다. 모든 인간은 죄인이고 구원 받아야 할 존재들이다."라고 매우 거북한 현실을 받아들이도록 요구하기 때문입니다. 이처럼 기독교가 자체가 갖는 타협하거나 포기할 수 없는 측면 때문에 기독교를 반대하고 거부하는 사람들이 있습니다. 그러나 현시점에서 기독교에 대한 세상 사람들의 적대감은 기독교 진리에 대한 거부감보다는, 현대 교회가 기독교를 오해하도록 만든 데 그 원인이 있다고 생각합니다. 교회가 우리가 믿고 있는 진리를 왜곡하거나 믿는 대로 살지 못하고 있는 것입니다. 세속화된 교회가 세상 사람들이 기독교를 거부하게 만든 더 큰 이유가 아닐까 생각합니다.

저는 전에 어떤 분이 쓴 글을 읽었는데, 그 분의 아버지가 돌아가시면서 유언으로 "너는 꼭 교회를 다녀라. 교회에 다니면 너에게 커다란 유익이 있을 것이다." 라는 말을 남겼다고 합니다. 그 아버지가 신앙인이었는지는 잘 모르지만, 어쨌든 교회를 다니라고 유언하셨으니 교회에 출석하기 시작했다고 합니다. 허나 교회의 행태에 너무 실망하여 잠시 다니다가 포기하였습니다. 교회가 진리를 찾는 곳일 거라고 기대하며 갔답니다. 세상은 관심이 없는 것, 그러나 좀더 근본적이고 본질적인 것, 인생의 궁극적인 질문들을 두고 고민하고 씨름할 줄로 기대했다는 겁니다. 그런데 교회가 세상과 전혀 다르지 않은 모습에 실망한 겁니다. 거기서도 복만 좋아하고, 세속적인 성공을 충동하고, 여과되지 않는 욕심과 인간의 민낯을 고스란히 드러내고 있었다고 합니다.

기복주의적인 기독교에 환멸한 것입니다. 기독교가 예수님을 믿으면 건강하고, 성공하고, 만사형통하고, 모든 것이 다 잘된다고 가르치는 종교입니까? 그렇다면 예수님은 왜 십자가에서 죽으셨을까요? 그렇다면 바울은 왜 목 베임을 당했고, 베드로는 왜 거꾸로 십자가에 못 박혀 순교했을까요? 예수님을 따라 다닌 제자들의 결말을 보십시오. 그들은 거의가 다 돌 맞아 죽거나, 목 베임을 당했습니다.

기독교는 기복주의가 아닙니다. 그런데 교회는 기복주의를 가르치고 있고, 세상의 가치를 다른 방식으로 추구하는 세속화된 기관으로 전락하고 있습니다. 교회와 세상을 분간할 수 없습니다. 교회가 아니라도 들을 수 있는 말들이 강단에서 흘러

나옵니다. 교회가 아니라도 할 수 있는 기도가 예배당에서 울려 퍼집니다. 진심으로 구도자로 살려는 세상 사람들은 이런 이유들 때문에도 기독교를 반대하고 있습니다.

교회는 진리를 아는가?

사실 세상뿐 아니라 교회 안에도 진정한 기독교를 모르는 사람들이 많습니다. 그래서 제 고민이 깊은 것입니다. 제가 아는 기독교는 생명보다 소중하고 정말 고귀한 보배인데, 사람들은 이 가치를 보지 못합니다.

세상이 기독교의 참가치를 보지 못하고 있습니다. 우리가 보여주지 못해서 그렇습니다. 더 나아가 제 자신에게 이런 질문을 해봅니다. '과연 세상만 복음을 모르고 있을까? 교회는 제대로 알고 있는가? 알고 있다면 왜 저런 모습일까? 알고 있는데 실행만 못하고 있을 뿐인가?' 저는 어쩌면 교회 안에도 진정한 기독교가 무엇인지 모르는 사람이 얼마든지 있을 수 있고, 심지어 많을지 모른다고 생각합니다.

그리스도인이라고 하는 우리들 자신이 진정한 기독교가 무엇인지 알지 못하고, 한 번도 제대로 배워본 적이 없을 수도 있겠다는 생각이 듭니다. 그래서 이번 사경회를 통해 여러분과 함께 진정한 기독교가 무엇인지 고민해 보는 것이 의미 있겠다 싶어서 '진정한 기독교, 존재의 변화'라는 주제를 정한 것입니다.

기독교는 무엇인가?

기독교란 '예수 믿어, 죽어서 천국 가고 살아서 복 받는 것'이 아닙니다. 여러분, 사람들이 여러분에게 "기독교란 무엇입니까? 기독교 신앙이란 무엇입니까?"라고 질문한다면 여러분은 어떻게 대답하시겠습니까? 가장 흔한 대답을 말씀 드릴 테니, 이것이 옳은지 그른지 생각해 보시기 바랍니다. "기독교란 예수 믿고 죽어서 천국 가는 것이다. 그리고 살아서는 예수 믿고 복 받는 것이다."가 그 대답입니다. 저는 이것을 단호하게 오답이라고 말씀 드리겠습니다. 여러분이 혹시 기독교란 예수 믿고 죽어서 천국 가는 것, 그리고 살아서는 예수 믿고 복 받는 것이라고 생각하셨다면 다시 생각해 보시기 바랍니다.

우선, 예수 믿고 죽어서 천국 간다는 말은 틀렸습니다. 천국, 하늘나라는 하나님나라와 동의어이며 장소적인 개념이 아닙니다. 천국은 우리가 가고 안 가고 하는 것이 아닙니다. 그것은 죽어서 가는 어떤 곳이 아니라, 하나님의 다스리심, 하나님의 통치를 의미합니다. 그래서 예수 믿고 죽어서 천국 간다는 것은 틀린 말이고, 표현을 조금 바꾸어서 '예수 믿고 죽으면 하늘에 가는 것'이라고 하면 맞긴 맞습니다. 그러나 그것은 우리 믿음의 궁극적 결론도 아니고 목적도 아닙니다. 왜냐하면 하늘은 임시상태이기 때문입니다. 성경에 의하면 우리 몸은 땅속에 묻혀서 썩어 없어집니다. 그래서 새 몸을 얻어야 하고, 새 몸을 얻는 것을 부활이라고 합니다. 주님께서 다시 오실 때 새 몸을 입고 부활하게 될 것입니다. 그때까지 임시적으로 머무는 상태를 하늘(Heaven)이라고 부릅니다. 하늘나라가 아닙니다. '예수 믿고 부활하여 새 몸을 얻고 새 하늘과 새 땅에서 영원히 거하는 것'이라고 하면 교리적으로 좀 더 정확한 표현이 됩니다.

'살아서는 복 받는 것'이란 말도 잘 설명하지 않으면 오해의 소지가 다분합니다. 무엇이 '복'인지에 대해서 성경적으로 바르게 이해하는 것이 우선 필요하기 때문입니다. 여러분, 복이 무엇이라고 생각하십니까? 우리 한국 사람들은 복을 굉장히 좋아합니다. 그래서 복이라는 한자가 곳곳에 붙어 있지 않습니까? 요즘은 그런 이불을 보기 어렵지만, 옛날에는 이불에도 '복'(福)자가 수놓아져 있었습니다. 우리가 생각하는 복, 동양의 전통적인 복의 개념은 건강, 장수, 부귀, 영화입니다. 건강하게 오래 살고, 사회에서 성공해서 부와 귀와 영화를 얻는 것이 바로 복입니다. 성경에 보면 구약시대에는 이와 비슷한 복 개념이 있었습니다.

그러나 신약시대로 오면 그것은 전혀 달라집니다. 이제부터 우리가 함께 살펴볼 팔복만 해도 그렇지 않습니까? 팔복을 보십시오. 그곳 어디에 건강, 장수, 부귀, 영화가 있습니까? 오히려 그것과는 정반대되는 것들입니다. 팔복의 절정이 '의를 위하여 핍박을 받은 자는 복이 있나니'입니다.

핍박을 받은 것이 복이 있다고 가르치는 팔복의 복과 우리의 전통적인 복에는 상당한 차이가 있습니다. 그래서 잘못된 복 개념을 갖고 있는 한 '살아서 복 받는다'는 말도 오해할 수 있습니다. 따라서 여러분은 누군가 '기독교 신앙이란 무엇인가?'라고 물을 때, 예수 믿고 죽어서 천국 가고, 살아서는 복 받는 것이라고 대답하시면 안 됩니다. 그 의미를 하나하나 제대로 설명하지 않으면, 그들이 갖고 있는 개념으로 생각하여 오해할 수 있기 때문입니다.

구원은 '환경의 변화'가 아닌 '존재의 변화'로 이해해야 합니다

기독교 신앙에 대한 이런 오해의 근본원인은 무엇이겠습니까? 결국 기독교 신앙은 구원을 위한 것인데, 구원을 존재의 변화가 아닌 환경의 변화로 이해하는 것이 그 원인입니다. "예수 믿고 구원을 얻는다."란 말에서 구원을 굉장히 살기 좋은 어떤 장소, 어떤 환경, 어떤 상태일 것이라고 생각합니다. 기화요초가 만발하고, 사시사철 봄바람이 부는 곳은 불교가 말하는 극락(極樂)의 개념이지 천국이 아닙니다. 우리가 장차 누리게 될 구원과 차이가 있습니다. 물론, 환경의 변화는 보장되고 마땅히 따라 옵니다. 궁극에 완성될 새 하늘과 새 땅은 우리가 기대하고 상상하는 정도를 훨씬 넘어서는 너무나 아름다운 곳입니다. 그러나 환경의 변화가 구원을 이해하는 일차적 혹은 우선적인 관심이 아닙니다.

우리 구원이 완성되는 날, 새 하늘과 새 땅이 이루어져서 우리가 그 안에서 살게 되는 그 날, 환경의 변화보다 더 중요한 것이 있음을 발견하게 될 것입니다. 그것은 우리 자신입니다. '나의 존재'가 문제입니다. 새 하늘과 새 땅, 하나님의 통치가 온전하게 이루어지는 그 날, 그 때, 그 시간, 그 자리에는 무엇보다도 죄와 악이 없습니다. 죄와 악이 전혀 없는 상태가 새 하늘과 새 땅입니다.

만약에 우리가 죄와 악을 그대로 가진 채 그 곳에 간다면, 아무리 환경이 좋아도 그곳은 지옥과 다를 바가 없습니다. 우리가 변하지 않은 채, 즉 우리 안에 우리를 갉아 먹고, 좀먹고, 우리에게 절망을 가져다주는 죄의 문제가 그대로 있는 채 환경이 변한 새 하늘과 새 땅에 거할 수 있다고 해도 그 곳에 거하고 싶겠습니까? 변화되지 않은 우리 자신, 이기심과 시기심 많고 자기중심적이고 교만하고, 쉽게 변하고 믿을 수 없는 모습을 그대로 간직한 채 그런 좋은 환경이 있는 곳에 간다면 그것을 구원이라 할 수 있겠습니까? 아닙니다. 구원은 환경의 변화 이전에 존재의 변화입니다. 우리 자신의 존재가 바뀌어야 합니다.

기독교 신앙은 예수 믿고 하나님의 백성이 되어 하나님의 통치 안에 사는 것입니다

기독교란 무엇인가? 기독교 신앙이란 무엇인가? 간단하게 말하면 하나님의 나라가 임하는 것입니다. 조금 더 풀어서 설명하면 우리가 예수 믿고 하나님의 백성이 되어 하나님의 통치 안에서 살아가는 것, 그것이 기독교 신앙입니다. 여러분은 하나님 나라에 대해서 많이 들어 보셨을 것입니다. 예수님께서 복음을 선포하실 때, 때가 찼고 하나님의 나라가 가까웠으니 회개하고 복음을 믿으라고 말씀하셨습니다.

여러분은 이제부터 "하나님 나라"라는 말을 "하나님의 통치"

라는 말로 바꾸어서 이해하시기 바랍니다. 그러면 거의 정확합니다. 우리는 나라라는 말에서 장소를 떠올리기 때문에 혼동이 일어납니다. 일제 강점기에 우리가 '나라를 잃었습니다.' 나라를 잃었지만 영토는 그대로 있었고, 그 안에 한국 사람들은 그대로 살고 있었습니다.

나라를 잃었다는 것은 '주권을 잃었다'는 의미입니다. 나라는 주권입니다. 하나님 나라, 그것은 장소 이전에 하나님의 주권, 하나님의 다스림, 하나님의 통치를 일컫는 말입니다. 하나님의 나라가 임했다면 지금 하나님께서 다스리고 계시는 겁니까? 당연히 다스리고 계십니다. 하나님의 절대적인 주권의 다스림은 변함이 없습니다.

그런데 우리 인간들이 하나님께 순종하고 있지 않는 것이 문제입니다. 예수님께서 "때가 찼고 하나님의 나라가 가까웠으니"라고 하셨을 때, 또는 "당신의 나라가 임하옵시며"라고 기도하라고 가르치실 때, "하나님의 나라"가 의미하는 것은 하나님의 인격적인 통치를 의미합니다.

하나님께서 우리를 다스릴 때 우리가 자발적으로 순종하는 것을 의미합니다. 하나님을 사랑하는 마음으로 하나님의 말씀대로 순종하고자 자유의지를 발휘할 때 그곳에 하나님의 통치가 이루어지고, 하나님 나라가 서는 것입니다. 그것이 바로 기독교가 말하는 구원입니다. 기독교가 말하는 구원은 하나님께서 다스리시는 상태 속으로 들어가는 것을 의미합니다.

우리의 관심은 살아 있는 우리 전 존재가 하나님의 다스림을 받는 것입니다

이 세상은 하나님께서 다스리시는가, 아니면 우리 인간이 다스리는가? 두 가지로 나누어 말할 수 있습니다. 우리는 인간이 다스리는 여러 정치체제를 알고 있습니다. 왕정이나, 귀족정치나, 민주주의, 사회주의, 공산주의 등 여러 가지 체제와 이념들이 있습니다. 그러나 인간은 죄인이기 때문에 인간 스스로 다스려서는 구원을 이룰 수 없습니다.

진정한 구원은 하나님의 통치, 하나님의 나라에서만 구현됩니다. 하나님의 나라는 예수님의 초림으로 시작되었습니다. 예수님께서 이 세상에 오셨을 때, 이 세상에 하나님의 통치가 펼쳐지기 시작했습니다. 그 하나님의 통치 안에 들어오는 사람들, 예수 믿고 하나님의 백성이 되는 사람들이 하나님 나라의 백성입니다. 하나님께서는 당신의 백성을 다 모으시면 심판하실 것입니다. 모든 원수를 멸하시고, 하나님의 온전한 통치가 새 하늘과 새 땅으로 변한 이 땅위에 이루어질 것입니다. 그것이 기독교이고, 그것이 구원입니다.

따라서 지금 우리의 관심은 죽어서 우리가 어디에 가는 것에 있지 않고, 살아 있는 우리 전 존재가 하나님의 백성이 되어하나님의 다스리심, 하나님의 통치를 받으며 사는 것에 있습니다. 천국에 가는 것은 죽어서 가는 것이 아니고, 살아서 하나님의 통치 안으로 들어가는 것입니다. 그래서 구원에 있어서 우리가 지금 하나님의 다스림을 받고 있는가, 지금 하나님의 백성인가, 하는 것이 더 중요한 문제입니다. 이것이 기독교인데, 하나님의 백성답게 살고 있지 않기 때문에, 세상은 하나님의 통치가 하나님을 믿는다고 스스로 생각하는 사람들의 삶에 이루어지는 것을 보지 못하는 것입니다.

어쩌면 우리가 하나님의 백성답게 산다 못산다 말하기 전에, 우리 자신이 하나님의 통치라고는 받아본 적도 없고, 생각해 본 적도 없을지 모릅니다. 하나님께서 우리를 당신의 백성삼으셔서 이제 우리 안에서 다스리시고 주관하시고 이끌어 가시는데, 그 인격적인 통치를 체험한 적이 있는지를 스스로에게물어보아야 합니다. 달리 표현하면 우리가 구원을 체험하고 있는가, 구원의 능력이 우리 안에 역사하고 있는가, 물어보라는것입니다. 진정한 기독교 신앙은 우리가 하나님의 백성이 되는 것입니다. 우리가 하나님의 백성이 되어서 하나님의 통치를 받으며 실제적인 존재의 변화를 체험해 가는 것입니다. 그것이 진정한 기독교입니다.

살기 좋은 어떤 낙원을 꿈꾸면서 고통도 없고 눈물도 없고 다시는 이별이나 헤어짐도 없고 병도 없는 곳으로 가는 것이 기독교 신앙의 전부가 아닙니다. 구원은 우리가 죽어서 어디로 가는 것이 아니고, 여기로 오는 것입니다. 주님께서 이 세상에 오시는 것입니다. 주님께서 다시 오시는 것이고, 하나님의 나라가 이 땅에 임하는 것이고, 이 땅이 변하여 새 하늘과 새 땅이 되는 것입니다. 주님은 그 일을 지금도 진행하고 계십니다. "언제 그 때가 올까요?", "언제 다시 주님께서 오실까요?"라고 묻는다면, "하나님의 백성이 다 준비되면"이라고 대답할 수 있습니다. 하나님의 백성이 다 준비되는 그 때, 세상의 끝이 옵니다. 이것이 진짜 기독교입니다.

1부

팔복 I

심령이 가난한 자 ㅣ 애통한 자

팔복
서론

그렇다면 '하나님의 백성이란 어떤 자들인가'라는 질문에 우리는 어떻게 대답할 수 있을까요? 우리는 이제 그 대답을 팔복에서 찾고자 합니다. 마태복음 5장 1절부터 4절입니다.

"예수께서 무리를 보시고 산에 올라가 앉으시니 제자들이 나아온지라. 입을 열어 가르쳐 가라사대 심령이 가난한 자는 복이 있나니 천국이 저희 것임이요. 애통하는 자는 복이 있나니 저희가 위로를 받을 것임이요."

오늘은 팔복 중에서 일복과 이복을 살펴보겠습니다. 그러나 그 전에 팔복 전체에 대한 설명을 조금 할 필요가 있습니다.

팔복은 '하나님 나라 백성의 초상화'입니다

처음에 나오는 제 일복은 '심령이 가난한 자는 복이 있나니 천국이 저희 것임이요' 이고, 맨 끝에 나오는 제 팔복은, 마태복음 5장 10절에 나오는데, '의를 위하여 핍박을 받은 자는 복이 있나니 천국이 저희 것임이라.'입니다. 제 일복과 마지막 복인 제 팔복의 뒤에 나오는 부분이 '천국이 저희 것임이라'로 시작하고 끝나고 있습니다. 이렇게 맨 앞과 맨 뒤를 똑같게 하는 것은 특별한 의도를 가지고 있습니다. 맨 앞과 맨 뒤를 같게 함으로써 그 중간에 있는 것도 모두 같은 의미라는 것을 의도적으로 표현하고 있는 것입니다.

'이러한 자는 천국이 저희 것이다'라는 말은 이러한 자는 천국 백성이라는 뜻입니다. 따라서 천국 백성, 즉 하나님 나라의 백성이 누구냐 하면 맨 앞에 있는 제 일복에서는 심령이 가난한 자, 맨 뒤에 있는 제 팔복에서는 의를 위하여 핍박을 받은 자라고 말하고 있습니다. 이처럼 맨 앞과 맨 뒤가 하나님의 나라에 속한 사람들의 모습을 보여주고 있기 때문에, 팔복은 모두 하나님 나라 백성의 모습이라는 것을 알 수 있습니다. 팔복은 예수님께서 친히 그리신 하나님 나라 백성의 초상화입니다. 하나님 나라의 백성을 모으고 창조하기 위해서 이 땅에 오신 주님께서는 주님을 믿고 따르는 자들에게 '너희 하나님의 백성들은 이러한 자들'이라고 설명하고 계신 것입니다. 팔복은 하나님 나라 백성의 모습이요 초상화라고 부를 수 있는 것입니다.

팔복은 '타고난 성품'이 아니라 '하나님의 능력으로 말미암은 변화'입니다

팔복의 앞에 나오는 '심령이 가난한 자', '애통하는 자'같은 내용들을 생각해봅시다. 앞으로 우리는 이 내용을 하나하나 해석해 가며 무엇을 의미하는지 살펴볼 것입니다.

팔복 중에는 온유한 자, 긍휼히 여기는 자, 마음이 청결한 자, 화평케 하는 자라는 너무나 아름다운 성품들이 표현되어 있습니다. 우리는 감히 넘보지 못할 이 좋은 성품들은 무엇을 의미합니까? 우리의 타고난 성품을 말하는 것이 아닙니다. 이것은 하나님께서 당신의 능력으로 우리 안에서 이루어 가시는 변화입니다. 따라서 이것을 도덕적인 지침으로 듣지 않아야 합니다.

'심령이 가난해져라', '애통해라', '온유한 자가 되라'는 명령형으로 말씀하시고 있지 않다는 것입니다. 이것을 명령으로 준다면 이처럼 어려운 율법이 없을 것입니다. 우리가 노력해서 이렇게 될 수 있을까요? 이것은 그렇게 되게 하라는 명령이 아니라 하나님 나라에 들어온 사람, 하나님의 통치 아래 들어온 사람에게 일어날 변화, 그 변화의 약속입니다. 따라서 이것은 복음입니다. 이것은 하나님께서 하실 일입니다.

특별히 온유한 자에 대해서 한번 생각해 보십시오. '온유한 자'를 생각하시면 어떠한 사람을 떠올리게 됩니까? 아마도 성격이 굉장히 유한 사람, 부드러운 사람, 좀처럼 화내지 않는 사람을 떠올리실 것입니다. 원래 그런 사람이 있습니다. 타고 나기를 정말 사람 좋고, 성격 좋은 사람들이 있습니다. 주님께서 그런 자가 복이 있다고 자연적 성품에 대해서 말씀하신 것이라면, 그렇지 않은 우리, 특히 저 같은 사람은 절망할 수밖에 없습니다.

저는 타고난 성격이 급하고 혈기가 많은 사람입니다. 저는 이렇게 태어났는데 어떻게 하란 말입니까? 억울하지 않겠습니까? 그런데 기쁜 소식은 이것이 타고난 성품, 자연적 기질에 대한 설명이 아니고, 초자연적으로 성령께서 우리 안에서 일으키시는 변화라는 것입니다. 그래서 소망이 있습니다. 주님께서 우리를 온유한 자로 만들어 주시겠다고 약속하시는 것입니다. 물론 우리가 해야 할 것이 전혀 없다는 말은 아닙니다. 우리는 자기를 부인하고 믿음으로 주님을 따라가야 합니다. 그럴 때 이런 변화들이 일어나게 될 것입니다.

팔복은 '하나님께서 객관적으로 복되다고 인정'하시는 상태입니다

팔복은 하나님의 나라 백성의 모습이고, 우리의 타고난 성품이 아니라 하나님께서 우리 안에서 일으키시는 변화라는 두 가지를 말씀드렸습니다. 거기에 더해서 한 가지 더 말씀드리겠습니다. 우리말로는 '심령이 가난한 자는 복이 있다'로 되어 있지만, 원래는 '복이 있도다! 심령이 가난한 자여!'라고 되어 있습니다. 주님께서 '복이 있도다!' 라고 선언을 합니다. 주님께서 말씀하시는 복은 우리가 어떻게 느끼느냐 하는 주관적인 것이 아닙니다.

마약하는 사람들을 예로 들어 보겠습니다. 우리가 밖에서 그들을 볼 때는 병자이고 폐인이고 다 망가져 가는데, 그 사람들 자신은 마약만 있으면 너무나 행복해합니다. 그래서 그들이 '내가 주관적으로 행복하면 됐지, 내가 기분 좋으면 됐지, 왜 나를 망가진 인생이니, 불쌍한 인생이니, 막장 인생이니 하며 나를 동정하고 비판하는가? 나는 행복하다'라고 말한다면, 그들이 복된 것입니까? '복이 있도다'라는 말은 복이 있는 사람들은 내면적으로 지극히 만족스럽다는 말이 아닙니다. 이것은 객관적인 것을 말하는 것이고, 실상이 그러하다는 것입니다.

심지어 겉으로 보기에 행복해 보이지 않더라도, '애통하는 자'처럼 세상 가치 기준으로는 불행해 보일지라도, 하나님께서 그런 자가 복이 있다고 선언하십니다. 이 복이라는 것은 하나님이 인정하신다(approve)는 뜻이기 때문입니다. 하나님께서 인정하시는 복 있는 자들은 이러한 자들이라는 것입니다. 따라서 복을 생각할 때 주관적으로 만족하느냐, 좋아하느냐를 평가하는 것이 아니라는 것을 기억하시기 바랍니다. 오로지 하나님께서 객관적으로 정말 그러하다고 선언하시고 인정하시는 상태를 말합니다. 그것이 복된 상태입니다. 팔복에 묘사된 사람들은 그러한 사람들입니다.

팔복이 진정한 기독교의 모습입니다. 팔복은 하나님 나라 백성의 초상화이며, 이것은 우리 주님의 모습입니다. 우리가 주님의 모습을 닮아가는 것입니다. 팔복이 주님의 모습이고 진짜 기독교입니다. 이것을 보여주지 못하는 기독교는 가짜입니다. 세상이 우리 안에서 팔복이 이루어지는 것을 본다면, 그들은 달라질 것입니다. 엄청난 변화가 일어날 것입니다. 이런 점을 염두에 두고 하나씩 살펴보겠습니다.

제 일복
심령이 가난한 자

주님께서 이렇게 말씀하셨습니다. "심령이 가난한 자는 복이 있나니 천국이 저희 것임이요." '하나님 나라의 백성은 누구인지 아는가? 심령이 가난한 자다. 그들이 복이 있는 것은 그들이 천국을 소유했기 때문이다.'라고 말씀하시는 것입니다. 이 심령이 가난한 자가 누구냐를 바르게 이해하는 것이 팔복을 바르게 이해하는 열쇠일 뿐만 아니라 산상수훈 전체를 이해하는 열쇠입니다.

가난함은 물질적으로 가난한 것을 의미하지 않습니다

마태는 '심령이 가난한 자'라고 말하는데, 누가는 그냥 '가난한 자는 복이 있나니'라고 쓰고 있습니다. 그래서 어떤 사람들은 예수님께서 물질적으로 가난한 자는 복이 있다고 말씀하신 것으로 해석하기도 합니다. 그 말이 맞는다면 복이 있으려면 돈이 없는 가난한 사람이 되어야 할 것입니다.

마태는 심령이라는 말로 가난한 것의 의미를 좀 더 구체적으로 밝혔고, 누가는 단순히 가난하다고 표현했지만 마태와 같은 뜻을 표현한 것이라고 봅니다. 누가의 표현에는 구약적인 배경이 있습니다. 구약의 가난한 자들은 참 하나님의 백성들을 일컫는 말이었습니다. 구약의 가난한 자들은 믿음으로 살려고 한다는 이유로 핍박받는 자들이었습니다. 세상에서는 의지할 것이 없고, 하나님 외에는 아무것도 붙잡을 것이 없는 사람들, 하나님만이 그들의 소망이 되는 하나님 백성을 구약에서는 가난한 자라고 불렀습니다.

누가(Luke)가 '가난한 자'라고 했을 때 이런 의미로 사용한 것이고, 마태는 그 뜻을 좀 더 풀어서 설명한 것입니다. 따라서 가난하다는 것은 단순히 물질적인 가난을 의미하지 않습니다. 물론 물질적으로 가난한 사람이 심령이 가난해질 가능성이 높다고 말할 수 있고, 부자들은 주님의 은혜가 아니면 심령이 가난해지는 것이 훨씬 더 어려운 것이 사실이지만, 성령의 은혜가 아니면 부자든 가난한 자든 심령이 가난해질 수 없다는 점에서, 이것은 단순히 물질적 가난이 아니라 영적인 가난을 의미하는 것입니다.

심령이 가난한 것은 마음이 약하고 쓸쓸한 상태를 말하는 것이 아닙니다

어떤 사람들은 심령이 가난한 것을 마음이 약하거나 쓸쓸한 것으로 이해하기도 합니다. 제가 좋아하는 일본 단가 중에 이런 것이 있습니다. "친구들이 나보다 잘 나 보이는 날 꽃을 사 들고 와 아내와 함께 바라보다."

이 단가를 읽는 순간 가슴이 찡했습니다. 친구들이 나보다 잘나 보이던 날이 있습니다. 나는 무능해 보이고 내 친구들은 다 잘 나가는 것 같고, 나는 매사에 자신이 없습니다. 스스로 생각해도 한심하고 초라합니다. 그러던 날 꽃을 사 들고 와 아내와 함께 바라본다고 합니다. 너무 좋은 아내입니다. 그렇지요? "아니, 당신은 왜 그렇게 못났냐. 당신 친구들은 다 승진하고 진급하고 사업을 해도 잘 되는데, 당신은 어찌 손대는 것마다 망하느냐? 왜 당신은 그렇게 못났느냐."라고 쏘아 대면 이 마음 약한 남편은 어디로 가겠습니까? 그런데 아내가 같이 꽃을 바라보아 줍니다.

제가 지금 시 감상을 하자는 것이 아닙니다. 이렇게 가난해진 마음, 친구들이 다 나보다 잘나 보일 때, 인생이 왠지 쓸쓸하고 외로운 마음, 이런 것이 예수님이 말씀하시는 '심령이 가난한 상태'가 아니라고 말하고 싶은 것입니다.

하나님 앞에서 자신이 죄인이라는 실상을 깨달아야 합니다

심령이 가난하다는 것은 하나님 앞에서 자기의 실상을 깨닫는 것입니다. 하나님 앞에서 영적 실상을 깨닫는 것입니다. 하나님 앞에서 내세울 의(義)가 하나도 없음을 인정하는 마음이며, 자신은 죄인이고 무능력하고 영적으로 파산상태에 놓여 있다는 것을 인정하는 마음이 심령이 가난한 것입니다. 예수님께서 말씀하신 비유를 하나 소개하겠습니다. 이 비유는 심령이 가난한 것이 무엇인지를 아주 잘 보여 줍니다. 누가복음 18장에 나오는 말씀입니다.

"두 사람이 기도하러 성전에 올라갔다. 한 사람은 바리새인이요, 다른 한 사람은 세리였다."라는 말로 이 비유는 시작합니다. 바리새인은 서서 두 팔을 벌려 하늘을 우러르며 "하나님, 나는 다른 사람, 곧 토색하고, 불의하고, 간음하는 자들과 같지 아니하고, 저 세리와도 같지 않음을 감사하나이다. 나는 일주일에 이틀을 금식하고, 소득의 십일조를 드리나이다."라고 기도했습니다. "나는 다른 사람들과 같지 않습니다. 나는 저렇게 죄 많이 짓는 죄인들과, 저 세리와 다릅니다. 나는 일주일에 이틀씩 금식하고, 소득의 십일조를 드리는 경건한 사람임을 인하여 하나님께 감사드립니다."라는 것이 바리새인의 기도였습니다.

반면에 세리는 저만치 떨어져서, 성전에 들어오기는 했지만 가운데로 가까이 다가갈 수는 없었습니다. 저만치 떨어져서 감히 하늘을 우러르지 못하고 가슴을 치면서 "주여, 저를 불쌍히 여기시옵소서. 저는 죄인이로소이다."라고 기도했습니다.

주님께서는 "이 둘 중에 누가 하나님께 의롭다함을 받고 내려갔겠는가?"라고 물으셨습니다. 여러분, 누구겠습니까? 예수님께서는 당연히 세리라고 말씀하셨습니다. 이 세리가 심령이 가난한 자입니다. 그 당시 세리는 돈이 많았던 사람입니다. 세금을 거둘 때, 더 많이 거두어서 남기는 것이 많았기 때문입니다. 그러나 세리는 돈은 많아도 사회에서 소외당할 수밖에 없는 사람이었습니다. 동족들에게 배신자로 낙인찍혀서 경멸당했기 때문입니다. 우리가 일제 강점기의 친일파에게 느끼는 감정 이상으로, 아이들조차도 세리를 보고는 침을 뱉고 도망갈 정도였습니다.

그것보다 더 심각한 문제는, 세리는 하나님 앞에 설 자리가 없는 자들로 간주되었다는 점입니다. 그 당시 유대교 신앙에서는 유대인들은 이방인과 상종하면 안 되었습니다. 그런데 세리는 로마제국의 앞잡이가 되어서 로마제국을 대신하여 막대한 세금을 거두어 과도한 수수료를 챙기는 짓을 하여 동족들의 원성을 샀습니다. 그러니 그들이 어떻게 하나님 앞에 나아갈 수 있겠습니까? 겉으로는 돈이 많아 좋은 옷 입고 거들먹거렸지만, 속으로는 소외당하여 외로웠고, 자격지심과 부끄러움 속에 살았으며, 무엇보다 하나님 앞에 받아들여질 수 없는 죄인이라는 죄의식에 시달리고 있었습니다. 그러니 이 세리가 어떻게 감히 하나님 앞에 나올 수 있겠습니까? 그래서 세리는 가까이 나아오지 못한 채 다른 이들과 거리를 두고 저 멀리 서서 자기 가슴을 치면서 "주여, 저를 불쌍히 여기시옵소서. 저는 죄인이로소이다."라고 기도하였습니다.

그런데 놀랍게도 주께서는 이런 자가 복이 있다고 하십니다. 사실상 주께서는 심령이 가난한 자가 복이 있다고 말씀하고 계시는 것입니다. 주님께서는 자기 의로 가득 찬 사람, 교만한 사람, 자기는 잘 믿고 있고 도덕적으로나 종교적으로 흠이 없다고 여기는 사람들이 아니라, 하나님의 긍휼과 자비를 구하는 사람, 상한 심령을 가진 사람들이 천국백성이라고 선언하시는 것입니다.

인간은 모두 예외 없이 죄인입니다

한 번은 예수께서 세리와 사회에서 멸시당하는 사람들과 함께 식사를 하셨습니다. 그런데 바리새인들이 예수님을 보고 수

군대며 비판했습니다. "저가 죄인들과 함께 식사를 한다. 저는 세리와 죄인들의 친구다." 그때 주께서는 "건강한 자에게는 의원이 쓸데없고 병든 자에게 라야 의원이 쓸데 있다. 내가 의인을 부르러 온 것이 아니요 죄인을 부르러 왔노라."라고 말씀하셨습니다.

주께서는 죄인을 찾아오셨습니다. 주님께서는 건강한 사람을 찾아온 것이 아니고 병든 자를 찾아오신 것입니다. 그렇다면 바리새인들은 의인이고, 건강한 자입니까? 예수님의 말씀은 그런 뜻이 아닙니다. 바리새인들도 죄인이고 병들었습니다. 다만 그들은 그 사실을 모를 뿐입니다. 영적으로 가난한 것은 모든 인류의 공통된 상태입니다. 성경은 "모든 사람이 죄를 범하였으매 하나님의 영광에 이르지 못하더니"라고 말하고 있습니다. 우리는 모두 죄라는 병에 걸려 있고, 우리는 다 하나님 앞에 아무런 의가 없는, 정말 누더기가 된 의를 가진 존재입니다. 오직 하나님의 자비와 긍휼로만 살아갈 수 있는 존재들입니다.

우리가 그 사실을 모르고 있을 뿐입니다. 왜 모릅니까? 교만해서, 자신이 잘났다고 생각해서, 자신이 의롭다고 생각해서, 자신이 도덕적이라고 생각해서 깨닫지 못하는 것입니다. 그것이 세상 모든 사람들의 모습이 아닙니까? 그런 자들을 향해 "예수께서 당신의 죄를 위하여 돌아가셨습니다."라고 말하며 복음을 전하면 의아하게 생각할 것입니다. "내가 언제 예수더러 죽어달라고 했나요? 내가 무슨 죄를 지었다는 겁니까? 왜 내게 예수의 죽음이 필요하지요?"

그런데 자신이 얼마나 가난한 존재인지를 깨닫는 사람이 있습니다. "정말 하나님 앞에서 나는 아무것도 아니구나. 내 영적 실상은 세리와 다름없구나. 내가 드릴 수 있는 유일한 기도는 '주여! 나를 불쌍히 여기시옵소서.' 그것밖에 없구나." 이것은 성령께서 우리 마음에 깨닫게 해주신 마음입니다. 여러분, 왜 심령이 가난한 것이 복이 되는지 아십니까? 자기가 죄인이라는 것을 깨닫고 회개하기 때문입니다. 천국에 들어가는 문이 있는데, 오직 회개하는 자만이 이 문으로 들어갈 수 있습니다. 그래서 죄인임을 깨닫는 가난한 마음에 복이 있는 것입니다.

우리의 영적 실상을 알아야 합니다

여러분, 여러분 자신의 영적 실상을 아십니까? 혹시 "내가 뭐 신앙 있다고 말하는 건 아니야. 그러나 우리 교회의 K집사, P집사, S집사보다는 내가 낫지." 라고 생각하지 않습니까? 성령께서 죄를 지적하실 때 우리는 결코 남과 비교할 수 없습니다. 세상에 혼자뿐이라고 느껴집니다. 하나님의 축복에서 떨어지고,

하나님의 저주아래 있고, 혼자 지옥으로 떨어져 가는 것 같은 전율을 느낍니다. 우리의 실상을 깨닫는 것입니다. 홀로 하나님 앞에 섰을 때, 우리 처지가 어떨지를 보아야 합니다.

사람은 다 자랑할 만한 것이 있습니다. 스스로의 힘으로 이루었다고 여기는 것이 있습니다. 미모를 힘으로 여기는 이들이 있습니다. 얼굴이 예쁜 분들은 자신이 예쁘다는 것을 알고 있습니다. 그것이 자신감의 원천이 됩니다. 똑똑한 사람은 자기가 똑똑하다는 사실을 자랑합니다. 돈 있는 사람은 돈으로, 직업이 좋은 사람은 직업으로 힘의 근거를 삼습니다. 하지만 주님을 만나려면, 그 모든 것이 다 무너져야 됩니다. 세상에서는 통할지 몰라도 하나님 앞에서 돈은 아무 쓸모가 없습니다. 우리 지식과 취미, 우리 직업, 건강, 외모, 이것들이 우리의 실상을 바꾸는 데 아무 소용이 없습니다.

무엇보다도 우리에게는 의(義)가 없습니다. 하나도 없습니다. 사람들은 우리를 존경하고 칭찬하고 인격자라고 인정해주지만, 우리 실상은 그렇지 않습니다. 누구보다도 비열하고 비겁하고 치졸하고, 남이 모르는 부끄러운 삶이 있고, 더럽고 추악한 면이 있는 자들입니다. 그러나 하나님께서는 다 아십니다. 사실 우리도 모르는 최악(the worst)도 있을 것입니다. 저는 아직 저의 최악의 모습은 보지 못했습니다. 하지만 하나님께서는 중심을 꿰뚫어 보고 계십니다.

심령이 가난한 것은 성령께서 하시는 일이고 변화의 시작입니다

여러분, 심령이 가난하십니까? 천국은 심령이 가난한 자들의 것입니다. 이것은 성령께서 하시는 일이고, 이것이 신앙의 출발입니다. 여러분의 심령이 깨어졌다면, 여러분의 심령이 가난해졌다면, 이제 여러분의 구원이 시작되었습니다. 주께서 우리 안에서 일을 시작하신 것입니다. 우리의 교만하고 어두운 눈을 밝혀서 자신의 실상을 보게 하셨고, 우리가 얼마나 가련하고 불쌍한 자인지, 하나님 앞에서 우리가 어떠한 자인지를 깨닫게 해 주셨기 때문에, 이제부터 주님을 의지하지 않을 수 없는 것입니다. 이제 소위 말하는 성화의 길, 주님께서 우리를 내면에서부터 뒤집어 근본적으로 새롭게 만드시는 변화의 과정을 시작하신 것입니다. 이 심령의 가난함은 철저히 주님께서 하시는 일입니다. 우리 스스로는 깨닫지 못합니다.

여러분에게 이러한 심령이 가난해지는 역사가 일어났는지 참 궁금합니다. 여러분, 하나님 앞에서 깨어져 본 적이 있습니까? 하나님 앞에서 여러분의 실상을 적나라하게 본 적이 있습니까? 하나님 앞에서 무릎 꿇어 본 적이 있습니까? "나는 주님의 자비 외에는 의지할 것이 아무것도 없는 사람입니다."라는 고백을 여러분 중심에서부터 할 수 있습니까? 스스로 이만하면 괜찮다고 생각하거나, 다른 사람과 비교하여 스스로 안전하다고 생각하거나, 절박한 상황이 아니라고 여기는 사람들은 아직 심령이 가난한 것이 무엇인지 모르는 사람들입니다. 이 단계에 이르지 못하면 이 뒤에 나오는 다른 복들에 대해서는 더 할 것이 없습니다. 이 마음이 출발입니다. 여기서 시작해야 합니다.

은혜 받는 사람들에게서 나타나는 특징이 있습니다. 진짜 은혜를 받은 사람들은 우는 동시에 기뻐합니다. "나는 죄인이었어. 내가 죄인이었어. 그런데 용서해 주셨어. 그런 나를 하나님께서 받아 주셨어." 이것이 복음 아닙니까? "나는 괜찮은 사람이야. 주님도 역시 나를 알아주시더군." 이것은 기독교가 아닙니다. 그런데 현대 기독교는 그런 양상으로 변해가는 것 같습니다. 자기 자신을 깨뜨리려고 하지 않습니다. 자아가 너무 강하고 교만하여서 좀처럼 깨지지 않습니다. 그런 사람에게는 천국이 임할 수 없습니다. 왕이신 하나님의 통치가 실현될 수 없습니다.

제 이복
애통하는 자

제 이복은 '애통하는 자는 복이 있나니'입니다. 제 일복의 심령이 가난한 것은 물질적 가난이 아니라 영적 가난을 의미하고, 하나님 앞에서 자기 의가 하나도 없는 영적 파산상태를 깨닫는 것이라고 하였습니다.

애통은 자기의 죄로 인해서 애통하는 것입니다

제 이복의 애통하는 자도 같은 맥락입니다. 애통이라는 것은 세상에서 슬픈 일을 당하거나 비극적인 일을 당해서 슬프고 눈물 나는 것을 말하지 않습니다. 이 애통은 자기의 죄로 인한 애통함을 말합니다. 이것은 제 일복이 심화된 모습입니다. 여러분, 기독교 신앙은 은혜를 받고 하나님의 살아계심을 깨닫는 것이며, 그 분의 거룩하심을 아는 것과 동시에 자신이 얼마나 부정한 죄인인지를 깨닫는 것입니다. 그래서 우리의 심령이 가난해져서 십자가를 붙드는 것을 말합니다. 십자가를 붙들고, 구원을 받고, 용서를 받고, 감격 속에 신앙생활을 시작합니다.

여기서 초신자들이 오해하거나 착각하는 것이 있습니다. 구원의 감격과 성령께서 속마음을 깨끗하게 씻어 주신 감격이 있으면, 곧장 그리고 항상 진실하게 살 수 있을 것이라고 생각하는 것입니다. 이제는 늘 하나님을 기쁘시게 하고 하나님의 뜻에 순종하면서 살 수 있을 것이라고 생각합니다. 또 자신을 속이는 사람도 있습니다. 겉모습만 꾸미며 살면서도 진짜 신앙생활을 하고 있다고 착각하는 것입니다. 하지만 진짜 심령이 가난해진 사람은 신앙생활이 실제 그렇지 않다는 것을 알게 됩니다. 시간이 지나고 신앙의 연륜이 쌓여 갈수록 자신이 좀처럼 더 나은 사람으로 변화되지 않는다는 것을 알게 됩니다. 점점 더 이전에 보지 못했고 의식하지 못했던 자신의 마음 속 깊은 곳에 있는 죄를 더 잘 깨닫게 되고, 그래서 더 많이 절망하고 애통하게 됩니다. 이런 자들이 바로 진정으로 애통하는 자입니다. 자기의 실상을 깊이 깨달아 가는 자이기에 그들은 복이 있는 자입니다.

주님의 뜻대로 살려고 애쓰는 사람만이 애통합니다
누가 애통하는 자가 됩니까? 죄를 가볍게 여기는 사람들은 애통하지 않습니다. "이만하면 나 잘 살고 있어. 요즘 신앙생활 잘하고 있어. 새벽기도까지 나가고 있지 않은가? QT도 꾸준히 하고, 성경도 잘 보고 있고...." 하지만 이런 것들이 신앙의 본질은 아닙니다. 우리 속에는 뽑고 뽑아도 뽑히지 않는 교만과 자기중심성, 이기적인 마음과 시기하는 마음이 늘 존재합니다. 그래서 정말 의롭게 살아보겠다고, 정말 하나님 앞에 바르게 살아 보겠다고, 주님 뜻대로 살아 보겠다고 몸부림치는 사람일수록 그런 것들과 맞닥뜨리고서 애통하게 됩니다.

애통하는 사람의 대표적인 예가 사도 바울입니다. 바울은 로마서 7장 24절에서 이렇게 외칩니다.

"오호라 나는 곤고한 사람이로다. 이 사망의 몸에서 누가 나를 건져내랴."

왜 바울이 곤고한 사람입니까? 바울은 7장 뒷부분에서 "내가 선을 행하기 원하는데 선을 행함이 없다. 내 속마음으로는 하나님의 법을 즐거워하는데 내 지체 속에 한 다른 법이 있다. 죄의 법이 있다. 그 죄의 법이 나를 사로잡아서 내가 정말 원하는 것을 하지 못하게 한다."라고 말합니다.

머릿속으로는 남을 미워하고 싶지 않습니다. 머릿속으로는 시어머니를 사랑하고 싶습니다. 그러나 시어머니의 잔소리가 너무 듣기 싫고, 시어머니 앞에만 서면 마음이 굳어지고, 사랑하는 마음은 사라지고 싸늘해집니다. 우리 힘으로는 어찌할 수 없는 한계가 있는 것입니다. 시어머니도 말로는 며느리를 칭찬하면서도 뒤에서는 못마땅하고 미워할 때가 많습니다. 대충 살려고 하면 죄가 우리 안에서 요동치지 않습니다. 그러나 하나님 뜻대로 살려고 하면, 아무도 예외 없이, 우리가 얼마나 질긴 죄인인지를 절감하게 될 것입니다.

제가 열여덟 살 때 어느 부흥회에 참석했는데, 강사 목사님이 부흥회가 열리는 사흘 동안만, 딱 사흘 동안만 사랑을 실천해 보라고 말씀하셨습니다. 그래서 사흘 동안 사랑을 실천하려고 노력을 했습니다. 그 때까지 저는 제가 사랑이 많은 사람이라고 생각했습니다. 사랑을 실천하지 않아서 그렇지 마음만 먹으면 얼마든지 사랑할 수 있는 사람이라고 생각했는데, 막상 사랑을 해보려고 하니 잘 안 되었습니다. 오히려 사랑이 제 안에 없는 것을 더 알게 되었습니다. 제가 한 번도 사랑하겠다는 결심을 하지 않았을 때는 사랑이 제 속에 있었는데, 아니 있다고 생각했는데, 사랑을 해보려고 하니 그게 아니었습니다. 사실 저는 미워하는 사람이 없었을 뿐입니다. 열여덟 살인 제가 누구를 미워했겠습니까? 세상이 다 좋아 보였습니다. 모든 사람이 다 저에게 친절한 것 같았고, 저도 그들을 사랑하는 줄 알았습니다. 제 안에 미움이 이렇게 많은 줄 그 때는 몰랐습니다.

사람의 얼굴을 보면 그 사람의 성격과 살아온 삶이 어느 정도 드러납니다. 우리의 자아가 일생을 통해서 굳어지고 겉으로 드러나는 것입니다. 자기중심적인 사고방식으로 살면, 사람이 교만해지고, 냉정해지고, 매정해지고, 이기적이 되고, 강퍅해져 갑니다. 우리 스스로는 그것을 잘 모릅니다.

여러분은 찰스 디킨스가 쓴 단편소설 『크리스마스 캐럴』에 나오는 스크루지 영감을 아실 것입니다. 전당포 주인인 스크루지 영감은 크리스마스이브에 자기 밑에서 일하는 조카가 가불을 해달라고 해도 한 푼도 주지 않았습니다. 그날 밤에 스크루지는 꿈을 꿉니다. 꿈속에서 죽음의 사자가 나타나 스크루지를 어린 시절로 데려가고 장례식에도 데려갑니다. 그러면서 스크루지는 자신이 어린 시절에 얼마나 천진난만하고 착하고 순수했는지를 보고서 경악했습니다.

그러나 스크루지는 그것을 경험하기 전에는 자기가 얼마나 완고하고, 고집스럽고, 교만하고, 무뚝뚝하고, 퉁명스럽고, 사랑이라고는 눈곱만큼도 없는, 돈밖에 모르는 수전노로 변해 있었는지 스스로 깨닫지 못했습니다.

애통하는 자들은 근본이 바뀌어 갑니다

하나님 뜻대로 살려고 하는 사람들은 하나님의 뜻대로 사는 것이 자신들의 의지나 결심의 문제가 아니고, 자신들의 계획이나 목표의 문제도 아니라는 것을 알게 됩니다. 자기 자신이 무언가 잘못되었고, 자신에게 근본적인 문제가 있다는 것을 깨닫게 됩니다. 그래서 바울은 "내가 원치 않는 그것을 하면 이제는 그것을 행하는 자가 내가 아니요 내 속에 거하는 죄니라. 오호라 나는 곤고한 사람이로다. 누가 이 사망의 몸에서 나를 건져내랴."라고 탄식합니다. 여러분, 신앙생활을 하면서 이러한 애통이 있어야 됩니다. 이런 통곡이 있어야 합니다. 마음 깊은 곳에서부터 탄식처럼 쏟아져 나오는 절망의 외침이 있어야 됩니다. "주님, 저는 주님 뜻대로 살고 싶습니다. 그러나 안 됩니다. 주님 저는 겸손하고 싶습니다. 그러나 저는 너무 교만합니다. 저는 진실하고 싶습니다. 그러나 저는 너무나 가식적입니다." 우리는 정말 가슴을 쥐어뜯으면서 아파하고, 괴로워하고, 몸부림쳐야 옳습니다. 이것이 진짜 기독교이고, 이것이 하나님의 백성의 참모습입니다.

물론 이것이 전부는 아닙니다. 주님의 용서가 있고 위로가 있습니다. 이런 통곡을 통해서, 이런 애통을 통해서 우리의 근본이 바뀌어간다는 사실을 알아야 합니다. 누가 변화됩니까? 누가 더 영적으로 새로워지고, 더 성숙해지고, 더 거룩해지고 아름다워집니까? 애통하는 사람들입니다. 주님 앞에서 자신의 실상을 들여다보고 몸부림치고 애통하는 사람들이 변합니다. 자신에게 만족하고, "이만하면 난 됐어. 둘러보니 내가 제일 잘 믿는 것 같아."라고 생각하는 사람들은 시간이 지나도 바뀌지 않습니다. 오히려 교만해지는 쪽으로 바뀝니다. 그리스도인의 성화는 의를 쌓아 가는 데 있지 않고 죄를 깨달아 가는 데 있습니다.

결론

오늘 저는 진짜 기독교는 존재의 변화라는 것, 즉 하나님께서 우리를 당신의 백성으로 삼으셔서, 당신의 통치 안에 우리를 품으시고 우리를 다스려 나갈 때, 하나님의 통치 안에 들어와 사는 우리에게 일어나는 변화에 대해서 말씀드렸습니다. 이 변화는 외적인 변화가 아닙니다. 이것은 내적인 변화입니다. 마음의 변화이고, 심령의 변화이고, 속사람의 변화입니다. 이 변화는 죄를 깨닫는 것에서부터 출발합니다. 심령이 가난해지는 것에서 시작하는 것입니다. 주님 뜻대로 살고자 하면 할수록 우리에게 그렇게 살 능력이 없다는 실상을 깨닫고, 좌절하고, 절망하며, 애통합니다. 이 애통이 심화될수록 우리는 더욱 성화되어 가는 것입니다.

여러분 자신을 점검해 보십시오

혹시 여러분 가운데 지금 제가 드리는 말씀이 생소하고, 낯설고, 경험적으로 공감되지 않는다면, 자신의 신앙을 점검해 보시기 바랍니다. "주님, 제가 제대로 믿는 것입니까? 이것이 진짜 기독교입니까? 저는 잘 모르고 있으니 제 눈을 열어 주십시오. 저의 실상을 보게 해 주십시오. 하나님께서 보시는 저의 모습을 저도 알게 해 주십시오. 이것이 성령의 역사로 가능한 것이라면, 하나님, 성령께서 역사하시도록 제 심령을 가난하게 해 주십시오." 여러분, 이렇게 기도하시기 바랍니다.

만약 여러분 가운데 "말씀을 듣고 보니 그것이 제 이야기입니다. 제가 그랬습니다. 저는 그것이 부끄러워서 남 앞에서 말도 못했지만, 그것이 진짜 기독교라니 너무나 안심이 됩니다. 제가 잘못된 길을 가는 것이 아니었습니다. 신앙생활하면서 나만 안 되는 것 같아서 아등바등했는데, 이것이 주님께서 내 안에 일으키신 변화라는 말씀에 너무나 위로가 됩니다." 이렇게 공감하시는 분이 있다면 용기를 가지십시오. 주님께서 우리 안에서 그 일을 하고 계십니다.

우리가 성화되는 것은 하나님의 약속이고 하나님께서 하시는 일입니다

여러분, 우리가 성화되는 것, 우리가 하나님의 백성다운 백성이 되는 것은 우리의 책임이기도 합니다. 제가 지금 그것을 부인하는 것이 아닙니다. 그렇더라도 그보다 앞서 그것은 하나님의 명예와 하나님의 영광이 걸린 하나님의 일입니다. 하나님께서 당신의 능력으로 우리를 구원하시겠다고 약속하셨고, 이제는 우리를 하나님의 걸작으로 만들어 가시는 것입니다. 얼마나 감사합니까? 얼마나 놀랍습니까?

팔복은 율법이 아닙니다. "심령이 가난해져라. 애통해라. 온유해져라."는 명령이 아니고, "내가 너를 그렇게 만들어 가겠다."는 주님의 약속입니다. 심령이 가난해지는 것 자체가 주님의 역사이고, 심령이 가난해진 사람은 이제 성화의 열차를 탄 것입니다. 이 열차가 얼마나 빨리 가는지, 얼마나 멀리 가는지는 우리가 어떻게 믿음으로 반응하는지에 달려 있습니다. 그러나 주님께서 이끌어 가실 것입니다. 결국 구원이 완성되는 마지막 자리에는 우리가 새로운 피조물이 되어 새 하늘과 새 땅에 살기에 합당한 하나님의 자녀들이 되고 하나님의 백성이 되어 새 하늘과 새 땅이 열리는 날을 보게 될 것입니다. 그 날까지 믿음으로 이 길을 열심히 달려가는 여러분과 제가 되기를 바랍니다.

2부

팔복 II

온유한 자 | 의에 주리고 목마른 자

온유한 자는 복이 있나니 저희가 땅을 기업으로 받을 것임이
요. 의에 주리고 목마른 자는 복이 있나니 저희가 배부를 것임
이요. _마태복음 5장 5~6절

팔복에 대한
오해

어제 집회를 마치고 교우들과 교제를 나누고 나서 복에 대해서 좀 더 설명해야 할 필요를 느꼈습니다. 팔복에 대한 오해가 많지만, 그 중에서 대표적인 두 가지를 지적하고 싶습니다. 그것이 오해인 것을 안다면, 팔복에 대해서 좀 더 바르게 이해할 수 있을 것 같습니다.

팔복은 건강, 장수, 부귀, 영화를 받는 수단이 아닙니다

저도 실제로 그런 설교를 들은 적이 있습니다. 전통적인 복의 개념인 건강, 장수, 부귀, 영화를 그대로 유지하면서, 팔복이 그러한 복을 받을 수 있는 수단이라고 생각하는 것입니다. '심령이 가난한 자가 복이 있다'는 주님의 말씀을 예로 들어 보겠습니다.

그들은 설명하기를, 심령이 가난해져야 우리가 복을 받을 수 있는데, 그 복은 우리가 건강하고, 잘 살고, 유명해지는 것이라는 겁니다. 그래서 심령이 가난한 것, 애통한 것, 온유한 것 등을 우리가 원하는 세상적인 복을 받는 수단이나 조건으로 이해하는 것입니다. 저는 어떻게 그런 설명이 가능한지 도저히 이해할 수 없지만, 그렇게 생각하는 사람들이 의외로 많습니다.

팔복 앞에 나오는 묘사 자체가 복입니다. 심령이 가난한 것, 그것이 복입니다. 자기 죄에 대해서 애통하는 것, 그 자체가 복입니다. 온유한 것, 그것이 바로 복입니다. 그것들이 하나님 나라 백성의 모습이기 때문입니다. 팔복에 묘사된 것 하나 하나는 예수님의 모습입니다. 주님의 모습을 닮아가는 것이 하나님께서 우리에게 주시는 복이고, 하나님 나라의 백성됨의 복입니다. 따라서 복 개념을 바꾸지 않은 채로 팔복을 우리가 원하는 복을 받는 수단으로 이해하는 것은 잘못입니다.

팔복을 사회, 경제적인 측면으로 이해해서는 안 됩니다

둘째 팔복을 사회 경제적인 측면으로 이해하는 것입니다. 그래서 '심령이 가난하다.'처럼 '심령'이라는 말을 붙이는 것을 좋아하지 않습니다. '심령' 같은 표현을 떼어내고 그냥 가난한 자, 말하자면 프롤레타리아라고 말하고 싶어 합니다. '프롤레타리아가 복이 있고, 지금 부유하게 사는 사람들은 나중에 심판받을 것이다. 애통하는 자는 이 세상에서 억울한 일을 당하고, 슬픈 일을 당하고, 힘든 일을 당한 자들이고, 결국 나중에 그들의 운명이 바뀔 것이다. 또한 온유한 자는 마음이 약하고, 자기주장을 못하고, 자기 권리를 빼앗긴 민초들이고, 이런 사람들에게 복이 있다고 주께서 선언하신 것이다.'라고 설명하는 것입니다.

주님께서는 가난한 자들과 병든 자들을 긍휼히 여기셨지만, 가난한 것, 병든 것, 이 세상에서 실패하고 소외된 것 자체가 복이라고 말씀하지 않으셨습니다. 그것보다 더 중요한 것은 '그러한 상태에서 하나님을 찾고 주님을 사모하는가?' 하는 것입니다.

지금 말씀드린 두 번째 방식으로 복을 오해하면 제 사복부터 이해할 수 없게 될 것입니다. 가령 의에 주리고 목마른 것을 생각해 보십시오. 가난하다고 해서 모두 의에 주리고 목마른 것은 아닙니다. 대부분의 가난한 사람들은 돈에 주리고 목마르며, '어떻게 하면 내가 좀 더 잘 살 수 있을까?'를 생각할 것입니다. 주께서는 지금 그런 자들이 복이 있다고 말씀하는 것이 아닙니다. 그 뒤에 나오는 복들, 긍휼히 여기는 것, 마음이 청결한 것, 화평케 하는 것도 마찬가지입니다. 그래서 팔복을 사회 경제적인 측면에서 소외된 계층, 억압받고 착취를 당하는 사람들에게 맞추려는 경향, 소위 해방 신학적, 민중 신학적 관점으로 설명하는 것은 옳지 않습니다. 팔복은 철저하게 하나님의 백성으로 성화되어 가는 모습입니다. 주님께서 우리 안에서 일으키시는 존재의 변화를 알려주는 말씀입니다.

팔복은 실제로 의로워져 가는 과정입니다

팔복은 의인이 되는 과정입니다. 우리가 예수님을 믿으면 믿음으로 의롭다함을 받습니다. 하나님께서 우리를 의롭다고 선언해 주십니다. 그것을 칭의(稱義)라고 부릅니다. 칭의는 신분의 문제입니다. 우리는 더는 하나님 앞에서 죄인이 아니고, 더는 하나님과 원수 사이가 아니라는 선언입니다. 이제 하나님께서 우리를 용서해 주셨고, 받아 주셨고, 의인이라고 칭해 주셨고, 하나님의 자녀로 삼아 주셨다는 선언, 즉 신분의 변화를 선언하는 것이 칭의입니다.

이 신분의 변화는 구원의 시작일 뿐 전부는 아닙니다. 신분의 변화에서 시작해서 실제적으로 의로운 사람이 되어야 합니다. 실제로 내면이 새로워져야 하고, 정말로 거룩함에 이르러야 합니다. 그 과정을 보여 주는 것이 팔복입니다.

저는 팔복을 묵상하다가 불교의 팔정도와 기독교의 팔복을 비교해 보면 재미있을 것 같다는 생각을 했습니다. 불교의 교리를 간단하게 줄이면 사성제(四聖諦)와 팔정도(八正道), 네 가지 거룩한 진리와 그에 뒤따르는 여덟 가지 바른 길입니다. 그것을 간단히 설명하면 고(苦), 집(執), 멸(滅), 도(道)라는 사성제는 고-인생은 고해다, 집-그 고통은 집착에서 온다, 멸-그 집착을 끊어야 한다, 도-집착을 끊는 길이 있다-입니다.

마지막 도가 팔정도로 이어지는데, 정견(正見), 똑바로 보고, 정사(正思), 똑바로 생각하고, 정어(正語), 똑바로 말하고, 정업(正業), 똑바로 일을 하고, 정명(正命), 정정진(正精進), 정념(正念), 정정(正定) 등 여덟 가지의 바른 길을 수행하면 집착을 끊고 해탈할 수 있다는 것입니다. 팔정도를 들으면 마음에 감동이 있습니다. 저도 늘 그렇게 생각합니다. '바로 보아야지, 바로 생각해야지, 바로 말해야지' 이런 결심을 하지 않고 사는 때가 거의 없습니다. 그런데 문제는 우리에게 이렇게 할 수 있는 능력이 있느냐 하는 것입니다. 누가 이렇게 할 수 있습니까?

팔정도와 팔복을 비교해 보면 팔복이 보다 근본적입니다. 팔복은 겉으로 드러나는 행동 이전에 우리 내면에 대해서 말합니다. '심령이 가난해져야 한다, 온유해져야 한다, 애통함이 있어야 한다, 의에 주리고 목마름이 있어야 한다.'는 것은 모두 행동하기 이전의 우리의 마음 상태에 대한 것입니다. 또 팔정도는 우리가 해내야 하는 일이라면, 팔복은 우리가 하는 일이 아닙니다. 이것은 주님께서 우리 안에서 이루어 가시는 과정입니다.

그래서 제일 중요한 것은 심령이 가난해지는 것입니다. 심령이 가난해지면 우리는 트랙 위에 올라온 것입니다. 똑바로 갈 수 있는 어떤 길 위에 올라온 것입니다. 심령이 가난해진 상태, 그것은 성령께서 우리의 죄를 깨닫게 해주심으로써, 우리의 자아가 깨지고 회개하면서 이르게 되는 상태입니다. 심령이 가난해지면 애통함이 뒤따르게 됩니다. 그 다음에 온유함도 뒤따르고, 그 다음에 의에 주리고 목마른 마음으로 변하게됩니다.

자기 의(義)를 비우는 과정: 제 일복부터 제 사복까지

오늘은 제 삼복인 온유한 자와 제 사복인 의에 주리고 목마른 자에 대해서 상고하겠습니다. 하지만 그 전에 팔복 전체에 대한 서론적인 설명을 조금 더 드리려고 합니다. 팔복은 하나님 나라에 들어가는 조건이 아니라 하나님 나라 백성의 모습을 묘사한 것이라고 했습니다. 오늘은 여기에 더해서 '팔복의 핵심, 팔복의 주제는 무엇인가?'에 관해 생각해 보겠습니다.

팔복의 주제는 '의'(義)입니다. 우리는 제 사복과 제 팔복에 주목해야 합니다. 제 사복은 '의에 주리고 목마른 자는 복이 있나니'이고, 제 팔복은 '의를 위하여 핍박을 받은 자는 복이 있나니'입니다. 두 복에 모두 '의'가 나옵니다. 제 사복과 제 팔복에 '의'가 나오는 것은 우연이 아닙니다. 주님께서 팔복을 말씀하실 때, 여덟 가지를 두서없이 말씀하신 게 아닙니다. 팔복은 정교한 논리를 가지고 있고, 그 논리에 의하여 전개되고 있습니다.

하나님께서는 우리 안의 거짓 의, 자기 의를 제거 하십니다

제 일복부터 제 사복까지는 우리 안에 있는 거짓 의 혹은 자기 의를 제거해가는 과정입니다. 한 마디로 비우는 과정입니다. 심령이 가난하다는 것은 우리에게 의가 하나도 없음을 깨닫는 것입니다. 하나님의 거룩하심을 깨닫고, 성령께서 우리 마음의 눈을 여셔서 하나님 앞에 우리가 서보니, 지금까지 자랑거리로 생각했던 것들과 의(義)라고 주장했던 것들이 모두 누더기였음을 깨닫는 것입니다. 주님 앞에서 내세울 것이 하나도 없음을 깨닫고, 우리 의는 사실 '의'가 아니었음을 깨닫는 것입니다. 그래서 심령이 가난해집니다.

　그 다음에 애통하는 것은 우리 안에 의가 없기 때문에, 우리 안에 여전히 남아서 우리를 사로잡으려 하는 죄의 세력을 보기 때문에, 주님 앞에서 애통하고 탄식하고 부르짖는 것입니다. 오늘 공부할 온유한 자의 복은 내면적으로 우리 자아가 처리된 모습입니다. 이렇듯 하나님께서는 일복, 이복, 삼복을 지나게 하시면서 우리 안의 모든 자기 의, 거짓 의를 제거하십니다.

　여러분, 앞서 말씀 드린 대로 그리스도인의 성화, 즉 우리가 거룩해져 가는 과정은 의를 쌓아가는 데 있지 않고, 죄를 깨달아가는 데 있음을 꼭 기억하시기 바랍니다. 우리가 뭔가를 더 열심히 하면 더 의로워질 수 있을까요? 그러니까 기도를 좀 더 많이 하고, 말씀을 좀 더 열심히 읽고 외우고, 좀 더 열심히 교회생활을 하고 전도를 하면, 우리가 의로워지고 거룩해 질 수 있을까요? 물론 모두 중요하고 또 필요한 일이지만, 그런 종교 행위들이 우리를 의롭게 만들거나 거룩해지게 만들어주는 것은 아닙니다.

　의로워지고 거룩해지는 것은 마음의 변화이고 내적인 상태 변화입니다. 우리 마음 중심이 변하려면 우리 속에 있는 악과 죄를 깨달아야 합니다. 마음의 변화가 없이는 아무리 외적인 행동을 많이 해서 우리가 의로워지거나 거룩해지는 것은 아닙니다.

자기 의는 가짜입니다

실제로 우리에게는 모두 열심이 있습니다. 특히 한국 기독교인들은 세계적으로 열심이 특출한 교인들입니다. 이처럼 열심히 봉사하고, 열심히 교회생활을 하는데, 왜 세상은 우리를 못마땅하게 여기는 것일까요? 그것은 우리에게서 진짜 의를 보지 못했기 때문입니다. 우리가 자꾸 우리의 의, 자기 의를 드러내려고 하기 때문입니다. 자기 의로는 다른 사람을 감동시킬 수 없습니다. 이것이 가짜라는 것을 우리 자신도 잘 알고 있습니다.

이것이 예수께서 책망하셨던 바리새인들의 의입니다. 바리새인들이 얼마나 의로운 자들이었습니까? 죄송한 표현이지만 바리새인들은 정말 밥맛이 없습니다. 바리새인들이 옆에 있다면 정말 싫을 것 같습니다. 그들은 일주일에 이틀씩 금식하고, 소득의 십일조를 바치는 것은 특출한 열심으로 행했지만, 그 마음 중심에는 사랑이 없고, 겸손이 없고, 남을 이해하고 끌어안는 포용력이 없었습니다. 그들은 언제나 자기가 옳고, 항상 자기만 잘 났고, 하나님 앞에서 자기가 최고라고 여기는 교만한 자들이었습니다. 혹시 그것이 우리의 모습은 아닙니까?

자기 의가 깨어지고 거짓 의가 제거되어야 합니다. 이것들이 먼저 제거되면 그 다음에 주님께서 우리 안에 진정한 의, 참된 의로 채워 주십니다. 이 참된 의로 채움 받는 과정이 제 오복부터 제 팔복까지입니다. 여러분은 팔복의 구조를 기억해 두시기 바랍니다. 여덟 가지의 복인 팔복은 제 일복부터 제 사복까지는 자기 의, 가짜 의, 거짓 의, 외적인 의들을 비우는 과정이고, 제 오복부터 제 팔복까지는 참된 의로 채움 받는 과정입니다. 비우는 과정이 중요하기 때문에 좀 더 살펴보도록 하겠습니다.

지금까지 우리가 살펴온 과정: 제 일복과 제 이복

주님은 '심령이 가난한 자는 복이 있나니'라고 말씀하셨습니다. 심령이 가난한 것은 주님 앞에서 우리의 실상을 깨닫는 것입니다. 우리는 영적으로 주님 앞에 내세울 것이 하나도 없는 영적 파산 상태에 놓여 있음을 깨닫고, 빈손 들고 그 앞에 나아가 십자가를 붙드는 심정으로 "주님 제가 정말 의지할 수 있는 것, 붙잡을 수 있는 것은 주님밖에 없습니다. 주님의 십자가밖에 없습니다. 제 의는 하나도 없습니다."라고 고백하고 인정하는 데서 성화(聖化)는 시작합니다.

그렇게 자기 의가 없음을 깨달으면 곧장 자기 의를 모두 비우고 그 단계에서 벗어나는 것은 아닙니다. 살면서 조금씩 점차로 자기 의를 비워갑니다. 저는 신앙생활하면서 지금까지 주님 앞에서 잘한 일이 하나도 없다는 생각마저 듭니다. 겉으로야 잘 한 일이 적지 않았습니다. 그러나 어느 한순간도 온전히 순수했던 적이 없습니다. 남을 사랑하고 돕는다고 하면서도 마음 한구석에는 늘 제 이익을 추구하는 마음이 있었습니다. '내가 이렇게 하면 주님께 칭찬받겠지. 사람들이 나를 좀 더 알아주겠지. 나는 괜찮은 사람이야.' 이런 의식이 늘 꼬리처럼 붙어 다녔습니다.

'내가 언제 한 번이라도 백퍼센트 순수해본 적이 있는가? 내가 언제 한 번이라도 순전하게 주님을 사랑하고 이웃을 사랑해본 적이 있는가? 나의 행동, 나의 생각, 나의 감정, 나의 선택, 그 모든 것이 언제나 자기중심적이었지 않는가?' 돌이켜보면, 많이 비우려고 노력하지만 제 자아가 사라지지 않습니다. 그래서 저는 신앙생활을 하면 할수록 자신 있다고, 주님 앞에 떳떳하다고, 이만하면 많이 바뀌었다고 생각하는 것이 아니라, 오히려 갈수록 어쩔 수 없는 제 자신을 깨닫게 됩니다. 사람들은 그런 저를 잘 모릅니다. 알면서도 모르는 체하여 주는지도 모롭니다. 사람들은 제가 예수님을 잘 믿는다고 생각해주고, 제가 그만하면 괜찮다고 평가해 줄지 모르지만, 저는 제 자신을 잘 압니다. 하나님 앞에서 제가 얼마나 순수하지 않았는지, 얼마나 교만한지, 겉과 속이 얼마나 다른 채 살았는지 잘 알고 있습니다.

이것이 우리의 실상입니다. 이것을 감추는 것은 위선입니다. 이것을 인정할 때 "오호라 나는 곤고한 사람이로다. 누가 나를 이 사망의 몸에서 건져 내랴."라는 탄식이 나오는 것입니다. 우리 기독교인들은, 예수 잘 믿는 사람들은 "이제 나는 문제없어. 너는 그 정도 수준에서 아직도 헤매고 있니? 난 이미 그런 건 다 지났어. 나는 이미 상당히 높은 수준에 와있어."라고 말하는 것이 아니라, 시간이 지날수록 스스로 죄인이라는 것을 더욱 깨닫는 것입니다. 우리 마음속에 이런 애통이 있어야 합니다.

온유한 자

여러분의 마음속에는 탄식과 부르짖음이 있습니까? 그 애통이 있습니까? 그러면 그 다음 단계를 맞이하게 됩니다. 그 다음 단계는 온유입니다. "온유한 자는 복이 있나니 저희가 땅을 기업으로 받을 것임이요." 온유하다(meekness)는 것은 약하다(weakness)는 말이 아닙니다.

온유는 자기를 절제함으로써 타인을 용납합니다

우리는 마음이 약하거나 부드러운 사람을 온유하다고 오해하기 쉽습니다. 성경에서 온유하다고 칭찬받은 사람이 있습니다. 모세입니다. 그는 구약에서 "이 사람 모세는 온유함이 지면에 있는 모든 자보다 승하니라."라는 평가를 받았습니다. 모세의 인상이 부드러웠을까요? 모세가 마음이 약한 사람이었습니까? 그렇지 않았습니다. 모세는 강한 사람이었지만, 그럼에도 불구하고 온유한 자라는 칭찬을 들었습니다. 모세에 대해서는 잠시 후에 더 살펴보겠습니다.

온유는 약한 것이 아니라, 힘이 있지만 그 힘을 절제함으로써 다른 사람을 대할 때 위협적이거나 공격적인 사람이 되지 않는 것을 말합니다. 자신을 절제하여 다른 사람을 받아줄 수 있는 마음이 온유입니다. 영어로는 'power under control'입니다. 힘이 있지만 그 힘이 절제되어 있는 것입니다. 힘을 마구 쓰고 자기주장을 해대서 그 사람이 있으면 주변 사람들이 긴장하고, 그 사람 때문에 상처받는 것과는 반대로, 그 사람이 있으면 편안함을 느끼는 것이 온유입니다. 그래서 그 사람 곁에 가고 싶고, 소파 같은 아늑한 느낌, 쿠션 같은 포근한 느낌이 있어서 기대고 싶은 것, 아무리 허물이 많고 부족해도 나를 받아줄 것 같은 사람이 온유한 사람입니다.

자아를 비워야 온유할 수 있습니다

온유는 자기를 절제하여 타인을 용납하고, 자아가 깨지고 제거되어 다른 사람을 받아들일 수 있는 마음의 공간이나 여유를 갖고 있는 사람의 특성입니다. 성격이 약하고 부드러운 것은 마음이 약한 데 불과하며, 그런 사람이 늘 타인을 받아줄 마음의 공간을 갖고 있는 것은 아닙니다. 대부분의 사람들은 타인을 있는 그대로 받아줄 마음의 공간이나 여유가 그리 많지 않습니다. 자기 자아로 가득 차 있기 때문입니다. 누군가 우리에게 시간을 내어주기를 원하면, 억지로 시간을 내기는 하면서도 그 마음이 편치 않습니다. 나에게도 계획이 있고, 삶의 패턴이 있고, 할 일이 있고, 나름의 생각이 있고, 원하는 바가 있습니다. '나, 나, 나'로 가득 차 있기 때문에 다른 사람을 돌아볼 여유가 없습니다. 나보다는 타인의 필요를 먼저 생각해줄 만한 여력이 없는 것입니다.

특히, 누군가가 나를 공격해 오는 순간에 온유가 그 진가를 발휘합니다. 평소에는 의식적으로 자신을 절제할 수 있습니다. 성격이 급한 사람도 인내심을 발휘하여 화를 내지 않고, 급하게 행동하지 않고, 기다려 줄 수 있습니다. 하지만 진정한 온유는 평상적인 상황보다는 평상적이지 않은 상황에서 확연히 드러납니다. 누군가 우리를 공격하거나 자아의 아픈 곳을 건드릴 때, 우리가 어떤 모습을 보이는지를 보면 자신이 온유한지 알 수 있습니다. 자아가 살아 있는 사람은 즉각 반격합니다. 즉각 반발하고 되받아치고 복수하고 맞서려고 합니다. 자아가 살아 있고 깨지지 않았기 때문입니다.

그러나 정말 자아가 깨진 사람, 정말 온유한 사람은 그런 공격 앞에서도 담담히 공격을 당하고, 누가 욕을 하면 욕을 먹습니다. 아프지 않아서가 아니라 아픔을 견디는 것입니다. 모욕을 받으면 얼굴이 시뻘개져서 되받아치고 함께 욕하고 싸우는 것이 아니라, 묵묵히 수모를 감수합니다. 너무 아프고 괴롭지만, 서둘러 반발하지 않습니다. 그런 사람들이 가끔 있습니다. 정말 신기합니다. 그러나 단지 마음이 약해서 대응하지 않는 것이라면 온유라고 할 수 없습니다. 너무 속이 상하지만 어떻게 대꾸해야 될지 몰라서 가만히 있는 것은 온유가 아닙니다. 온유한 사람은 '그 사람이 왜 그랬을까?'라고 생각하며 서운해할지언정, 자기 아픔 때문에 괴로워할지언정, 복수하겠다는 생각을 하지 않습니다. 그것이 온유입니다.

온유는 자신의 실상을 깨닫고 진정으로 겸손해진 것입니다

온유란 자아가 깨어진 모습입니다. 따라서 심령이 가난한 것과 애통하는 것이 전제됩니다. 온유는 자신의 실상을 깨닫고 진정으로 겸손해지는 것입니다. 따라서 겸손과 온유는 동전의 양면입니다. 스스로 자신을 보는 눈이 겸손입니다. 하나님 앞에서 자신에 대해 "나는 죄인입니다. 나는 내세울 것이 하나도 없는 사람입니다. 나는 정말 부끄러운 사람입니다. 나는 주님의 은혜로만 살 수 있는 사람입니다"라고 인정하는 것이 겸손입니다. 우리가 정말 자신의 실상을 깨닫고 바른 자의식을 갖게 되면, 다른 사람을 향해서 온유해지지 않을 수 없습니다. 로이드 존스 목사님은 진정한 온유는 사람들이 자신을 비판할 때, 비난하고 공격할 때, 다음과 같이 반응하는 것이라고 말했습니다.

"당신이 나에 대해서 한 말은 나의 실상보다 훨씬 더 좋은 말입니다. 당신들은 나의 진정한 모습을 모릅니다. 내가 교만하다고 당신들은 말씀하셨고, 내가 남을 사랑할 줄 모른다고, 이기적이라고 말씀하셨는데 저는 그 정도가 아닙니다. 여러분이 하신 말은 다 옳고, 다 맞지만 사실은 저는 그보다 훨씬 더 못한 사람입니다."

이렇게 반응하는 것이 온유입니다. 여러분, 우리가 얼마나 간교한 존재들인지 아십니까? 입으로는 끊임없이 겸손하지 않습니까? 우리가 자신에 대해서 겸손하게 낮추려고 했었던 말들을 다른 사람이 똑같이 했을 때, 우리가 어떻게 느끼는지를 생각해 보면 우리가 온유한지 그렇지 않은지를 알 수 있습니다. 우리는 늘 "저는 부족한 사람입니다. 저는 잘 못합니다. 저는 너무나 부족합니다."라고 말합니다. 그 때 옆에서 누군가가 "맞아, 당신은 좀 그래!"라고 반응한다고 생각해보십시오. 제 스스로 자신을 낮추고서도 누가 그 말에 그대로 수긍하면 곧 기분이 나빠집니다. 그렇지 않습니까? "나는 너무 교만한 것 같습니다"라는 말도 사실은 자신이 교만하다고 인정함으로써 겸손하게 보이고 싶은 것입니다. 우리가 이처럼 간교합니다. 그것이 우리 실상입니다. 그것을 깨달았기 때문에 "주님, 저는 정말 겸손해질 수 있을까요? 주님, 저는 정말 진실해질 수 있을까요?"라고 탄식하는 것입니다. 우리는 온유하지 않습니다. 인정해야 합니다. 성격의 문제가 아닙니다. 성격이 급하고 화를 잘 내는 사람이 있는가 하면, 성격이 느리고 남보다 늦게 반응하고 부드러운 사람이 있습니다. 온유하거나 온유하지 않다는 것은 타고난 성격의 문제가 아니고, 우리 자아가 깨졌는지 안 깨졌는지에 대한 것입니다.

온유한 사람 모세

모세는 온유한 사람이었습니다. 모세가 이스라엘 백성을 이끌고 광야를 지나는 동안 모세의 리더십에 도전했던 사람들이 많이 있었습니다. 고라 일당들은 "하나님이 너에게만 말씀하셨느냐?"라며 모세에게 대들기도 했습니다. 그러나 모세를 가장 가슴 아프게 했던 일은 바로 자기 누이와 형이 반대한 일이었습니다. 특히 누이인 미리암은 모세가 구스 여인을 아내로 취했다고 비방했습니다. 구스 여인이란 에티오피아 여인, 즉 흑인 여자일 것입니다. 모세가 구스 여인을 새로 아내로 취한 것인지, 아니면 모세의 본래 아내가 구스 여인이었는지는 잘 모르겠습니다. 미리암이 그 일로 인해서 모세에게 좋지 않은 말을 했습니다. 그러나 모세가 구스여인을 아내로 취했다는 것은 미리암이 모세를 비방하는 표면적인 이유였을 뿐입니다. 미리암은 모세의 엄마가 갓난아이인 모세를 역청을 바른 갈대상자에 담아서 나일 강에 띄웠을 때 모세의 뒤를 쫓아가서, 갈대 상자를 꺼내어 모세를 들여다보고 있는 바로의 공주에게 "제가 유모를 구해올까요?"라고 했던 바로 그 누이였습니다. 그러니까 미리암은 모세보다 적어도 대여섯 살은 위였습니다. 형 아론은 모세보다 세살이 위였습니다. 아론은 모세보다 말을 잘해서 모세의 대변인 역할을 했습니다. 모세는 막내 동생입니다. 그런데 이 모세가 정말 범접할 수 없는 하나님의 사람으로 등장하지 않았습니까? 모세가 시내 산에서 내려올 때 얼굴에서 광채가 났습니다. 하나님을 대면하다가 내려온 모세의 얼굴에서 빛이 났기 때문에 그 얼굴을 볼 수가 없었습니다. 이처럼 동생이 리더십을 가진 하나님의 사람이 되고, 이스라엘 백성 전체를 이끄는 최고 지도자가 된 것에 대해서 그들은 마음에 시기심이 일어났을 것입니다. 형이나 누이가 모세를 반대했을 때, 또는 백성의 두령들이 모세를 반대했을 때, 모세가 취한 행동을 알고 계십니까? 모세는 직접 나서서 해명하지 않았습니다. 모세는 맞서 싸우지 않았습니다. 반발하지 않았고 반격하지 않았습니다. 그 대신 모세는 하나님 앞에 와서 엎드렸습니다. "하나님, 백성들이 저에게 이렇게 말합니다. 저는 어떻게 해야 됩니까?" 그러면 하나님께서 모세를 변호해 주셨습니다. 땅이 갈라져서 고라 일당을 삼켜 버렸고, 미리암에게는 나병이 생겼습니다. 이것은 모세 자신이 한 일이 아니라 하나님께서 하신 일이었습니다.

온유하신 예수님

온유의 절정은 예수님이십니다. 마태복음 11장에서 주님께서는 "수고하고 무거운 짐 진 자들아, 다 내게로 오라. 나는 마음이 온유하고 겸손한 자니"라고 하셨습니다. 우리 주님은 온유하고 겸손하신 분이셨습니다. 그래서 우리가 주님께 가면 쉼을 얻을 수 있습니다. 주님의 온유는 베드로전서 2장 23절에서 잘 드러납니다. 베드로는 주님에 대해서 "욕을 받으시되 대신 욕하지 않으시고, 고난을 받으시되 위협하지 않으시고, 오직 공의로 심판하시는 자에게 부탁하시며"라고 말했습니다. 모세에 대한 묘사와 흡사합니다. 우리 예수께서는 그런 분이셨습니다. 이것이 온유입니다.

우리는 자연스레 온유한 사람 곁에 가있고 싶어집니다. 누가 온유한지, 온유하지 않은지를 제일 잘 아는 사람이 누구일까요? 아이들입니다. 아이들은 온유한 사람을 본능적으로 압니다. 그래서 본능적으로 온유한 사람 옆에 가고 싶어 합니다. 아이들뿐 아니라 우리도 그렇습니다. 우리가 누군가의 옆에 가고 싶은 것은 그 사람에게 온유함이 있기 때문입니다. 우리 그리스도인은 그런 사람이어야 합니다. 온유한 사람은 너무 잘나고 훌륭하고 고고해서 홀로 학처럼 있는 존재가 아닙니다. 우리와 똑같이, 우리 곁에서 우리와 함께 있으면서 우리의 못난 모습, 우리의 부끄러운 모습을 받아주는 사람이 온유한 사람입니다.

온유한 자는 마음에 깊은 만족과 평화를 받습니다

"온유한 자는 복이 있나니 저희가 땅을 기업으로 받을 것임이요." 땅을 기업으로 받는다는 말은 두 가지 측면으로 해석할 수 있습니다. 미래적으로 해석하면 나중에 완성될 하나님의 나라가 그들의 것이라는 의미입니다. 여기서 땅은 완성된 하나님 나라, 새 하늘과 새 땅을 가리키는 것이고, 온유한 자들이 장차 임할 하나님 나라의 백성이라는 것이 첫 번째 의미입니다.

그러나 현재적인 의미도 있습니다. 지금 이 세상을 살아가면서 땅을 기업으로 받을 수 있습니다. 이 말은 문자적으로 부동산을 많이 주신다는 뜻은 아닙니다. 현재 우리가 땅을 기업으로 받는 것은 이 세상에 사는 동안 주께서 우리 마음에 깊은 만족과 평화를 주신다는 의미입니다. 그것이 바로 땅을 기업으로 받는 것입니다.

온유한 사람만이 감사할 수 있습니다. 온유한 사람만이 만족할 수 있습니다. 온유한 사람만이 어떠한 형편에서도 자족할 줄 압니다. 왜 그렇습니까? 온유한 사람은 늘 자기를 낮추고 겸손하기 때문에, 힘들고 어려운 형편에 처해도 "이것은 저에게 과분합니다"라고 고백할 것입니다. 예의상 꾸며서 말하는 것이 아니라 마음 중심에서부터 '이 모든 것은 하나님의 은혜'라고 느낍니다. 그들에게 힘든 일이 닥쳐도 "주님, 주님의 은혜에 감사합니다"라고 고백할 수 있는 것은 그가 온유하기 때문이며, 자아가 깨졌기 때문이며, 자아가 처리되었기 때문입니다. 이것이 온유입니다.

제 사복
의에 주리고 목마른 자

우리는 그동안 세 가지 복을 살펴보았습니다. 심령이 가난한 자, 애통한 자, 온유한 자, 이 세 단계는 비우는 것이고, 자아가 처리되는 것이고, 거짓 의, 자기 의가 없어지는 것이라고 말씀드렸습니다. 그렇게 되면 우리는 주리고 목마르게 됩니다. 비웠기 때문입니다. 거짓 의를 다 비웠기 때문에 참된 의, 진짜 의에 목마르게 됩니다. 그래서 "의에 주리고 목마른 자는 복이 있나니 저희가 배부를 것임이요"라는 제 사(四)복에 이르게 됩니다. 여러분은 의에 주리고 목마르십니까? 지금 팔복의 어느 과정을 지나고 있는지를 제 사복을 기준으로 생각해 보시기 바랍니다. '나는 무엇에 목마른가?', '나는 무엇에 주리는가?'

우리는 무엇에 목마릅니까?
어떤 사람들은 다른 사람들의 인정에 주리고 목마릅니다.

무슨 일을 하던지 '남이 나를 어떻게 볼까?', '남이 나를 칭찬하나?', 아니면 '남이 나를 깔보고 있나?' 이런 것들이 삶의 기준이 됩니다. 그들이 주리고 목마른 것은 의가 아니고 사람들의 인정과 칭찬입니다. 교회 봉사를 열심히 하는 것이 순수한 마음일 때도 있지만, 때로는 다른 사람이 자기를 인정해 주었으면 하는 마음에서 그럴 수도 있습니다. 이것은 의에 주리고 목마른 것이 아닙니다. 어떤 사람들은 돈에 주리고 목마릅니다. 그들은 어느 정도의 경제적인 수준에 이르기까지는 마음의 평화를 누릴 수 없다고 생각합니다. 그들에게 현재는 모든 것이 '임시'입니다. 그래서 그들은 '내가 어느 정도의 재산을 확보하기까지는 내 삶을 누릴 수 없어. 다른 일을 할 수 없어. 먼저 재산을 모아야 돼. 돈을 벌어야 돼'라며 돈에 집착하고 돈에 목말라 합니다.

이밖에도 여러 가지가 있습니다. 오래 전에 어느 자매님이 자신의 어머니에 대해서 이야기한 적이 있습니다. 그 때 한국에 다단계 사업이 유행했습니다. 그것을 간단히 설명하면, 한 사람이 자기 밑에 다른 세일즈맨들을 거느리고, 그 사람들은 다시 그 밑에 또 다른 사람들을 거느리고, 그런 식으로 자기보다 나중에 합류한 사람들이 판매한 수익의 일부가 자기에게까지 돌아오게 하는 것이 다단계 사업입니다. 다단계가 황금알을

낳는 거위로 여겨졌던 때가 있었습니다. 나중에 다단계의 문제점이 많이 파헤쳐지고 사회문제가 되기도 했지만, 그때는 너도 나도 다단계사업에 뛰어들어야 한다고 생각했을 때입니다. 그런데 이 자매의 어머니가 너무나 그것을 하고 싶어 했습니다. 누군가에게 다단계사업을 잘하면 일 년 안에 큰돈을 벌 수 있다는 이야기를 들은 것입니다. 주변에서 모두 말렸고, 특히 딸인 이 자매가 더욱 말렸습니다. 권사였던 어머니는 결국 다단계사업을 못하게 된 것에 크게 상심하고 실망했습니다. 눈앞에 거액의 돈이 있는데 사람들 때문에 놓쳐버렸다고 생각하셨습니다. 이 자매는 어머니를 어떻게 위로하고 설득해야 할지 모르겠다고 제게 물어왔습니다.

저는 그 이야기를 들었을 때 '그 분은 정말 돈에 주리고 목마르구나'라는 생각이 들었습니다. 그 분은 한몫 잡을 수 있는 기회가 바로 눈앞에 있다고 생각했습니다. 마음의 실상을 드러낸 것입니다. 만약에 마음만 먹으면 원하는 것을 얻을 수 있는 기회가 있다면, 우리 마음 깊은 곳에서 무엇을 추구하고 있는지, 무엇을 원하고 있는지가 적나라하게 드러날 것입니다. 여러분에게 이런 기회가 주어진다면 무엇을 구하시겠습니까? 여러분이 정말 원하는 것은 무엇입니까? 의입니까? 의(義)란 하나님과의 올바른 관계입니다. 다시 말하면 하나님의 뜻에 온전히 부합하는 것, 하나님의 뜻에 온전히 일치한 것이 의입니다. 성경에 나오는 하나님의 사람은 모두 의에 주리고 목말랐습니다.

의에 주리고 목마른 자는 하나님과의 바른 관계를 사모합니다

의에 주리고 목마른 것은 우리가 하나님과 바른 관계에 있는 것을 세상의 어떤 것보다 더 중요하게 생각하는 것입니다. 하나님을 정말 기쁘시게 하며 살기를 원하는 것이고, 하나님의 뜻에 온전히 일치하고 부합하는 사람이 되기를 원하는 것입니다. 그것 외에 다른 것은 중요하지 않게 여깁니다. 그에게 세상의 번영이나 성공은 중요하지 않습니다. 세상에 자기 이름을 남기고 인정받는 것도 중요하지 않습니다. 사람들의 평가를 받는 것도 중요하지 않으며, 의에 주리고 목마른 사람에게 정말 중요한 것은 하나님 그 분이십니다. 그 하나님께서 우리를 어떻게 보시겠는지를 가장 중요하게 생각합니다.

우리는 지금까지 하나님께서 우리를 보시는 그 눈, 중심을 꿰뚫어 보시고 우리의 실상을 속속들이 다 아시는 하나님의 눈앞에 훤히 드러나는 우리의 거짓 의, 자기 의에 대해서 애통한 사람들입니다. 따라서 이제 정말 우리가 원하는 것은 "저는 하나님의 뜻에 합한 사람이 되고 싶습니다. 저는 주님을 사랑하고 싶습니다. 주님께 순종하고 싶습니다. 주님을 기쁘시게 하고 싶습니다." 하는 마음입니다. 이것이 의에 주리고 목마른 것입니다. 의에 주리고 목마른지 여부가 우리 신앙을 점검해 볼 수 있는 잣대입니다. 의에 주리고 목마른 사람은 진정한 의를 추구하면서 더욱 심령이 가난해집니다. 우리가 하나님 앞에서 살고자 할 때, 한편으로 하나님 앞에서 살지 못하는 자신을 깨닫게 되고, 그래서 심령이 가난해지고 애통하게 됩니다. 다른 한편으로 우리 실상이 드러나기 때문에, 더욱 주님을 사모하고 주님의 의에 목마르고 주리게 됩니다.

의에 주리고 목말랐던 사도 바울

사도 바울의 예를 들어 보겠습니다. 사도 바울이 빌립보서 3장 5-9절에서 다음과 같이 고백합니다: "내가 팔 일만에 할례를 받고 이스라엘의 족속이요, 베냐민의 지파요, 히브리인 중의 히브리인이요, 율법으로는 바리새인이요, 열심으로는 교회를 핍박하고 율법의 의로는 흠이 없는 자로라. 그러나 무엇이든지 내게 유익하던 것을 내가 그리스도를 위하여 다 해로 여길뿐더러 또한 모든 것을 해로 여김은 내 주 그리스도 예수를 아는 지식이 가장 고상함을 인함이라. 내가 그를 위하여 모든 것을 잃어버리고 배설물로 여김은 그리스도를 얻고 그 안에서 발견되려 함이니 내가 가진 의는 율법에서 난 것이 아니요, 오직 그리

스도를 믿음으로 말미암은 것이니 곧 믿음으로 하나님께로서
난 의라."

바울은 유대인이었고, 그 중에서도 바리새인이었습니다.
아마 율법학자였을 것입니다. 유대인들 중에서도 특별히 율법
에 대한 열심이 특출했던 바리새인들은 평생 단 하나의 관심
밖에 없었습니다. 그것은 '내가 율법을 지키고 있느냐' 하는 것
입니다. 율법 준수가 그들에게는 의였습니다. 그래서 바울은
지금 우리에게는 잘 이해되지 않는 여러 자랑거리들을 나열합
니다. 히브리인 중의 히브리인, 베냐민 지파, 난 지 팔 일만에
할례를 받고, 이스라엘 사람이라는 혈통적인 출신까지 자랑거
리로 제시합니다. 이 모든 자랑이 말하는 것은 '내가 하나님의
진짜 언약 백성이다'라는 것입니다. 자신이 이방인이 아니고
하나님과 언약을 맺은 백성이라는 것이 그의 자랑이었습니다.
그것은 하나님과의 바른 관계에 대한 열망을 보여 줍니다.

'율법의 의로는 흠이 없는 자'라는 것은 그가 아는 범위 안에
서 율법을 어겨본 적이 없다는 의미입니다. 지금까지 율법대로
살아왔다고 고백하고 있는 것입니다. 그런데 그렇게 열심히 그
리고 철저하게 율법을 지켜온 바울에게는 참된 의로 채움 받은
만족과 감격이 있었습니까? 없었습니다. 율법을 외적으로 그
리고 문자적으로는 다 지켰지만, 그것이 바울에게 의가 될 수

없었습니다.

산상수훈에서 주께서는 "살인하지 말라 하는 말을 너희가 들었으나 나는 너희에게 이르노니 형제를 미워하는 자마다 심판을 받게 될 것이다. 형제에게 미련한 놈이라 말하는 자에게는 지옥 불에 떨어지게 될 것이다."라고 하셨습니다. 주님께서 지적하신 것은 외적인 행동 이전에 마음의 상태, 즉 동기가 문제라는 것입니다. 주께서는 그 다음에 간음을 예로 드셨습니다. 주께서는 "간음하지 말라는 말을 너희가 들었으나 나는 너희에게 이르노니 여인을 보고 음욕을 품은 자마다 그 마음에 이미 간음했음이라."고 말씀하셨습니다.

바울은 율법의 자구나 문자가 아닌 율법의 정신을 깨닫고 보니, 하나님 앞에 자신이 율법으로는 의롭다함을 받을 수 없음을 알게 된 것입니다. 자기는 어찌할 수 없는, 마음의 문제라는 것을 깨달은 것입니다. 로마서 7장에서 바울은 그 점을 잘 고백하고 있습니다. 자기는 율법을 다 지키고 있다고 생각했는데, 십계명의 열 번째 계명인 '탐내지 말라'에 이르니 자기 속에 각양 탐심이 일어났다고 고백합니다. 여러분, 탐내지 말라는 계명은 행동에 대한 것입니까, 아니면 마음에 대한 것입니까? 마음에 관한 것입니다. 우리가 행동은 규제할 수 있습니다. 조금 전에도 말씀드렸지만, 의식적으로 노력하면 행동은 조절

할 수 있습니다. 속으로 온유하지 않아도 결심하고 의지적으로 노력하면 일시적으로는 또 겉으로는 화를 내지 않고 부드럽고 친절하게 행동할 수 있습니다. 바울에게 고민은 행동의 문제가 아니었습니다. 바울이 탐내지 말라는 마음의 상태에 대한 계명에 이르렀을 때, 속에서 오히려 각양 탐심이 들끓고 있는 것을 발견했고, 자기가 죄인이라는 것을 깨달았습니다. 그래서 율법의 의로는 흠이 없는 의로운 자였지만, 그가 가진 의(義)로는 하나님 앞에서 의롭다함을 받을 수 없다는 것을 알았습니다. 그래서 그는 "내가 가진 의는 이제 더는 율법에서 난 의가 아니라 예수 그리스도를 믿는 믿음으로 말미암아 난 의다. 하나님께서 주신 의다."라고 외쳤고, 하나님께서 주시는 의, 하나님께서 채워 주시는 의에 주리고 목마른 사람이 되었습니다. 그리스도를 통해서, 그리스도를 믿음으로써 얻는 의가 진정한 의라는 것을 알게 된 바울은 "내 주 그리스도를 아는 지식이 가장 고상하다"라고 고백하기에 이르렀습니다.

의에 주리고 목마른 자는 하나님을 가장 소중히 여깁니다

의에 주리고 목마르다는 말은 "하나님이 나에게 가장 소중하다. 내가 무엇보다도 하나님께 목마르다"라는 고백입니다. 이것이 여러분 마음의 소원입니까? 아직도 자아가 살아 있어서 '내가 어떤 대접을 받는가? 내가 어떤 인정을 받는가? 내가 어떤 평가를 받는가?'에 매달려 살고 있지는 않습니까? 그렇다면 우리는 자아에 주리고 목마른 사람들입니다. 자아가 우상인 것입니다. 하지만 이제 우리 그리스도인들은 자신의 자아에 대해서 우선 염증을 느껴야 합니다. '나'라고 하는 존재, '내 자아'라고 하는 존재는 폭군입니다. 그렇지 않습니까? 자아는 잠시도 자기를 만족시켜 주지 않으면 견디지 못합니다. 그것이 자아의 실상입니다. 이제는 "나는 내 자신에 대해서 염증이 난다"라고 외쳐야 합니다.

우리는 이 자아에 대해서, 끊임없이 안쪽을 향해 구부러지는 죄성에 대해서, 자기중심성에 대해서, 우리는 이제 믿을 수 없다고, 더는 아니라고 소리쳐야 합니다. 우리가 지금까지 붙들고 왔던 모든 헛된 교만, 자기자랑 같은 것들은 전부 다 가짜라고 몸부림쳐야 합니다. 그런 거짓된 것은 이제 다 버리고, "주님, 이제 저는 진짜 의에 목마릅니다. 진짜 주님을 사모하고 싶습니다. 정말 주님을 기쁘시게 하고 싶습니다."라는 소원이 있어야 합니다. 이것이 바로 의에 주리고 목마른 것입니다.

의에 주리고 목마른 자는 참된 의로 채워집니다
주님은 의에 주리고 목마른 사람은 배부를 것이라고 약속해 주셨습니다. 의에 주리고 목마르면 주께서 참된 의로 채워 주십니다. 우리가 사모하는 것을 주께서는 주십니다. 우리가 주님을 사모하고, 주님을 기쁘시게 하고 싶고, 주님을 더 알고 싶고, 주님을 더 닮고 싶다는 소원을 가지고 있다면, 주께서는 그 소원을 들어 주실 것입니다. 왜 그렇습니까? 그것 이상으로 주님께서 기뻐하시는 우리의 소원, 우리의 기도가 없기 때문입니다. 그것은 또한 주님의 소원이기 때문입니다.

이제 우리는 제 사복(四福)까지 왔습니다. 제 일복부터 제 사복까지의 여정을 기억해 두시기 바랍니다. 심령이 가난한 자, 애통한 자, 온유한 자, 의에 주리고 목마른 자, 머리만이 아니라 마음으로 따라와 주시기 바랍니다. 우리 마음에서 공감이 되어야 합니다. "맞아요. 저도 의에 주리고 목말라요. 저도 주님을 사모해요. 저도 바리새인 같은 의가 아니라, 성령께서 내 안에 일으키시는 변화를 통해서 진정으로 자아가 깨지는, 정말 진실하고 겸손하고 온유한 사람이 되고 싶어요. 저도 주님을 기쁘시게 하고 싶어요. 주님 뜻대로 살고 싶어요."라는 소원이 여러분과 제 마음에 있기를 원합니다.

나머지 복들은 참된 의가 무엇인지를 가르쳐 줍니다. 기대가 되지 않습니까? 주님께서 이제 우리에게 진짜 의를 주실 것입니다. "의에 주리고 목마른 자는 복이 있나니 저희가 배부를 것임이요." 의에 주리고 목마른데도 끝내 채워지지 않아서 갈 등하다가 죽게 된다면, 그것은 복음이 아닙니다. 세상의 많은 구도자들이 진리를 찾아 목마르고, 진짜를 찾아서 광야에서 금 욕을 하고 고행을 했지만 못 찾았습니다. 그렇게 찾는 것이 아 니기 때문입니다. 그것은 우리 스스로 찾아서 채울 수 있는 것 이 아닙니다. 하나님께서 채워 주셔야 합니다. 그것은 그리스 도 안에 있는 보배입니다. 하나님께서 복음 안에서, 그리스도 안에서 우리에게 베풀어 주시는 주님의 은혜입니다. 그 은혜를 사모하고 의에 주리고 목마른 저와 여러분이 되기를 바랍니다.

3부

팔복 Ⅲ

긍휼히 여기는 자 | 마음이 청결한 자

긍휼히 여기는 자는 복이 있나니 저희가 긍휼히 여김을 받을 것

임이요. 마음이 청결한 자는 복이 있나니 저희가 하나님을 볼

것임이요. _마태복음 5장 7~8절

지금까지 우리가 살펴온 과정

오늘은 제 오복과 제 육복을 묵상하겠습니다. 우선 지난 두 번에 걸쳐 말씀드렸던 것을 요약하고, 오늘 이야기를 이어가고자 합니다. 제가 보는 팔복의 주제는 의(義)입니다. 제 사복과 제 팔복에 각각 의라는 말이 나오는데, 제 사복에는 '의에 주리고 목마른 자는 복이 있나니'라는 말씀이 나오고, 제 팔복에는 '의를 위하여 핍박을 받은 자는 복이 있나니'라는 말씀이 나옵니다.

팔복 중에서 제 일복부터 시작해서 제 사복까지는 '제 사복에 있는 의'를 향해서, 다시 제 오복부터 시작해서 제 팔복까지는 '제 팔복에 있는 의'를 향해서 진행됩니다. 제 일복부터 제 사복까지는 우리 안에 있는 거짓 의, 가짜 의, 자기 의를 비우는 과정으로 진행이 됩니다.

먼저 심령이 가난한 데서 시작합니다. 심령이 가난한 것은 하나님 앞에서 자신의 영적 실상을 깨닫는 것입니다. 하나님 앞에서 자기가 영적으로 얼마나 가난한 자인지를 아는 것입니다. 하나님 앞에서 우리가 내세울 만한 어떤 의도 없다는 것을 인정하는 태도가 심령의 가난입니다. 우리는 완전한 영적 파산 상태라는 것을 인정하고, 오직 하나님의 자비와 긍휼에 의지할 수밖에 없다는 것을 깨닫고 인정하는 것이 심령의 가난입니다.

예수께서 누가복음 18장에서 말씀하신 바리새인과 세리의 비유가 그것을 잘 설명하고 있습니다. 성전에 기도하러 두 사람이 올라갔는데, 바리새인은 자기 자랑으로 가득 차 있었습니다. 자기가 한 일들에 대해서 하나님 앞에 늘어놓았습니다. 그것은 사실 기도가 아니라 하나님 앞에서 자기를 드러내고 과시하는 것이었습니다. 반면에 세리는 감히 하늘을 우러러 보지 못하고 가슴을 치면서 "주여, 저를 불쌍히 여기시옵소서. 저는 죄인이로소이다"라고 탄식하며 기도했습니다.

주님께서는 "이 둘 중 누가 더 하나님의 의롭다함을 받고 내려갔겠느냐?"고 물으셨습니다. 당연히 세리입니다. 하나님 앞에서 자신의 실상을 깨닫고 보니 자기에게는 아무것도 없다는 것을 알게 되고, 하나님 외에는 의지할 것이 없는 자신의 참모습을 알게 되는 것입니다.

제 일복의 사람이 되면 제 이복인 애통하는 자로 가게 됩니다. 제 이복-애통하는 자의 복-은 제 일복이 더욱 심화된 모습입니다. 심령의 가난이 예수 믿기 이전뿐 아니라 예수 믿고 난 이후에도 계속됩니다.

우리는 선을 행하고 싶은 마음은 있지만, 선을 행하지 못하는 한계와 절망적인 모습 때문에 바울처럼 "오호라, 나는 곤고한 사람이로다."라고 탄식하면서 죄에 대해서 애통할 수밖에 없는 존재들입니다. 제 일복과 제 이복을 지나면서 우리 자아가 깨집니다. 하나님 앞에서 우리가 잘났고, 무엇인가 잘했고, 무엇인가 가지고 있다고 생각했던 교만이 깨지고 처리되는 과정을 거치는 것입니다.

그런 후에 도달하는 자리가 제 삼복입니다. 온유한 자가 되는 복입니다. 온유한 자가 된다는 말은 진정으로 자아가 깨진 모습이 된다는 것입니다. 자아가 깨진 사람은 다른 사람을 받아들일 수 있는 마음의 공간을 갖게 됩니다.

온유한 자는 누가 공격하거나 대적한다 할지라도, 성급하게 맞서서 반발하거나 공격하려고 하지 않습니다. 누가 공격하면 공격당하고, 누가 찌르면 찔림을 당합니다. 아픔을 감내하면서 보복하지 않고 상대를 끌어안는 것이 온유입니다.

이렇게 심령이 가난한 상태와 애통한 상태, 온유한 상태를 지나서, 드디어 의에 주리고 목마른 자리에 오게 됩니다. 이제는 자기 의가 하나도 없고, 그동안 붙잡고 자랑해 왔던 가짜 의, 거짓 의, 누더기만도 못한 자기 의를 완전히 내버렸기 때문에, 그 빈 마음, 빈 자리에서 참된 의를 사모하게 되는 것입니다. 주님의 의, 주께서 채워주시는 의, 그 참된 의에 목마른 사람이 되는 것입니다.

제 오복
긍휼히 여기는 자

제 일복부터 제 사복까지의 첫 번째 단계가 비워가는 과정이라면, 제 오복부터 제 팔복까지는 채워지는 과정입니다. 주님께서 이제부터 빈 마음, 갈급한 심령에 주님의 참된 의로 채워주십니다. 그 내용을 지금부터 살펴보겠습니다. 하지만 그 이전에 팔복의 구조에 대해서 한 가지 더 말씀드릴 것이 있습니다.

팔복의 또 다른 구조

여러분은 제 사복과 제 팔복이 의(義)라는 말로 서로 관련이 있음을 알고 있습니다. 제 일복이 제 오복과 연결이 됩니다. 심령이 가난한 것과 긍휼히 여기는 것이 서로 연결이 되는 것입니다. 자기 의를 다 버리고 심령이 가난해진 자리에 참된 진짜 의가 들어오는데, 그것은 남을 긍휼히 여기는 것입니다. 누가

긍휼히 여길 수 있는가 하면, 심령이 가난한 자가 긍휼히 여길
수 있습니다. 제 이복은 제 육복과 연결이 됩니다. 애통한 것은
마음이 청결한 것과 연결이 되는 것입니다. 누가 마음이 청결
해 질수 있는가 하면, 애통하는 자가 마음이 청결해집니다. 또
제 삼복 온유한 자가 제 칠복 화평케 하는 자와 연결이 됩니다.

누가 화평케 하는 자가 될 수 있는가 하면, 온유한 자가 화평
케 하는 자가 될 수 있습니다. 마지막으로 누가 의를 위하여 핍
박을 받을 수 있는가 하는 질문에 대한 대답은 의에 주리고 목
마른 사람이 기꺼이 의를 위하여 핍박을 받는 자리까지 나아가
게 된다는 것입니다.

<table>
<tr><td>A 일복</td><td>A' 오복</td></tr>
<tr><td>B 이복</td><td>B' 육복</td></tr>
<tr><td>C 삼복</td><td>C' 칠복</td></tr>
<tr><td>D 사복</td><td>D' 팔복</td></tr>
</table>

이제 오늘 저녁에는 우리가 제 오복, 긍휼히 여기는 자와 제
육복, 마음이 청결한 자를 각각 살펴보겠습니다. 이 제 오복과
제 육복이 제 일복, 심령이 가난한 것과 제 이복, 애통하는 것과
어떻게 연결되는지도 살펴보겠습니다.

긍휼은 곤경에 처해있는 불쌍한 자에게 베푸시는 하나님의 사랑입니다

제 오복, 긍휼히 여기는 자는 복이 있나니 저희가 긍휼히 여김을 받을 것임이요. 자기 의를 다 버리고 나서, 참된 의, 하나님의 의를 사모하고 목말라 하는 심령에, 빈 마음에 주께서 채워주시는 첫 번째 의는 긍휼히 여기는 마음입니다. 긍휼은 무엇보다도 하나님의 성품입니다. 시편 103편 13절에 이런 말씀이 있습니다. "아비가 자식을 불쌍히 여김같이 여호와께서 자기를 경외하는 자를 불쌍히 여기시나니." 여러분 이런 구절을 알고 계셨습니까? 하나님께서 마치 아버지가 자식을 불쌍히 여기시는 것같이 우리를 불쌍히 여기신다는 이 말씀이 얼마나 위로가 되는지 모릅니다.

저는 결혼하기 전에는 이런 구절들을 이해하지 못했습니다. 왜 하나님께서 우리를 불쌍히 여기시는지, 왜 아비가 자식을 불쌍히 여기는지 몰랐습니다. 그러나 결혼해서 아이를 낳고 보니까 정말 자식을 생각할 때 불쌍히 여기게 됩니다. 아이가 좀 힘들어 하면 제 마음이 아프고, 아이를 보면 늘 측은한 마음이 있습니다. 첫째 아이는 이제 키가 저만큼 커졌습니다. 열네 살이 되었는데, 아마 힘은 저보다 더 셀지 모릅니다. 아무튼 많이 자랐습니다. 그런데 제 눈에는 여전히 어린 아이이고, 그 아이를 보면 제 마음에 불쌍히 여기는 마음이 일어납니다. 때때로 말을 안 듣고 말썽을 피우면 다른 어른들 눈에는 밉게 보일 수 있습니다. "쟤는 도대체 뉘 집 아이야? 왜 저렇게 가정교육을 못 받았어? 왜 저렇게 버릇이 없어?" 하면서 못마땅하게 여길지 모릅니다.

물론 우리 아이가 무례한 것을 보면 저도 마음이 졸아들고 몹시 속상한 것도 사실입니다. 하지만 그러면서도 불쌍히 여기는 마음이 있습니다. 심지어 '아이가 아직 몰라서 그러는데, 아이가 아직 어려서 그러는데, 그렇게까지 미워하고 야단칠 필요가 있을까?'라는 생각도 합니다. 팔이 안으로 굽습니다. 우리 아이니까 불쌍히 여기고 편들고 싶은 마음이 절로 드는 것입니다.

이처럼 제가 우리 아이가 연약하니 야단을 치기도 하지만, 우리 아이는 저에게 늘 긍휼의 대상이고 불쌍히 여기는 대상입니다. 결혼하고 나서야 이것을 깨닫고, 하나님을 더 생생하게 알게 되었습니다. 그간 하나님을 저의 부족함이나 저의 추한 모습을 보고 화를 내실 분으로만 생각했거든요. 그런데 하나님께서 저를 불쌍히 여기시고 측은히 여겨주신다는 것을 제 자식을 키우면서 배우게 된 겁니다. 이 말씀이 정말 맞습니다. 우리 하나님은 긍휼에 풍성하신 분이시고, 우리를 불쌍히 여기시는 분입니다. 에베소서 2장 4절에 "긍휼에 풍성하신 하나님이 우리를 사랑하신 그 큰 사랑으로 인하여"라는 말씀이 있습니다. 하나님께서 우리를 사랑하셨다고 말씀하고 있습니다.

여러분, 긍휼이 무엇인지 아십니까? 우리가 교회에 다니면서 제일 많이 듣는 말이 은혜이지요? 은혜와 긍휼은 비슷합니다. 그런데 다른 점이 있습니다. 은혜는 자격이 없는 자에게 거저 베푸시는 하나님의 사랑입니다. 그런데 긍휼은 곤경에 처해서 스스로 벗어날 수 없는 불쌍한 자에게 베푸시는 하나님의 사랑입니다. 자격 없는 죄인인 우리를 용서해 주시는 것이 은혜이고, 죄의 결과로 우리가 처한 어떤 상태, 즉 죽음이나 무력함 가운데서, 그리고 죄로 인한 온갖 곤경에 처해 있는 상태에서 주님께서 불쌍히 여기시는 것이 긍휼입니다.

비판의식, 정죄의식은 긍휼과 반대되는 것입니다

여러분의 마음에 긍휼이 있습니까? 다른 사람을 불쌍히 여기십니까? 긍휼과 반대되는 것이 무엇인지 이해하시면 우리에게 긍휼이 있는지 없는지 쉽게 알 수 있습니다. 긍휼과 반대되는 것은 비판의식이나 정죄의식입니다. 누군가가 곤경에 처해 있다고 가정해봅시다. 우리가 하나님의 백성이라면, 먼저 그 사람을 불쌍히 여겨야 합니다. 그런데 불쌍히 여기기 전에 그 사람이 그러한 곤경에 처할 수밖에 없는 이유를 밝히면서 비난하고, 그 사람에게 책임을 묻고자 하는 성향이 우리에게 있습니다. 가장 먼저 우는 사람과 같이 울어야 합니다. 그런 사람 옆에 가서 "내가 뭐라 그랬어. 그러니까 내가 이렇게 하지 말라고 그랬지? 봐, 이렇게 되잖아"라고 말한다면 전혀 도움이 안 될 것입니다. 먼저 위로하고 나중에 회복될 때 차근차근 해주어야 할 말을 해야 합니다. 여러분의 마음에 다른 사람을 향하여 비판의식이 더 강한지, 아니면 불쌍히 여기는 마음이 더 강한지를 살펴보시기 바랍니다.

예수님의 유명한 비유 중에 선한 사마리아인의 비유가 있습니다. 어떤 사람이 예루살렘에서 여리고로 내려가다가 강도를 만났습니다. 그는 얻어맞고 다 빼앗기고 피 흘린 채 쓰러져 거의 죽게 되어 버려졌습니다. 그 옆을 한 제사장이 지나가는데 그를 보고는 피해서 멀리 돌아서 갔습니다. 두 번째로 한 레위인이 지나가는데 그도 마찬가지였습니다. 피 흘리고 쓰러진 사람과 접촉하면 부정해지기 때문에 어쩔 수 없다고 핑계하면서 말입니다. 세 번째로 사마리아 사람이 그 옆을 지나갔습니다. 당시에 사마리아인은 유대인과 상종하지 않았습니다. 두 민족 간의 적대감은 이루 말할 수 없었습니다. 서로 원수를 보듯 하였습니다. 우리가 일본 사람들을 싫어하는 것과는 비교도 되지 않을 정도였습니다. 그것보다 훨씬 골 깊은 갈등과 상처를 갖고 있는 관계였습니다. 그런데 성경은 그 사마리아인이 "그를 보고 불쌍히 여겨"라고 말하고 있습니다. 사마리아인이 강도 만나 쓰러진 사람을 보았을 때, 측은히 여기고, 불쌍히 여기는 감정을 느꼈던 것입니다. 자비와 연민을 느꼈던 것입니다. 이것이 긍휼히 여기는 모습입니다.

긍휼은 인종 간의 장벽을 뛰어 넘습니다. 우리가 긍휼을 베풀 수 없다고 핑계를 삼을 만한 상황이 여럿 있습니다. 하지만 긍휼은 그 모든 것을 뛰어 넘습니다. "이래서 나는 도와줄 수 없어", "저래서 그 사람은 당해도 마땅해"라고 말하지 않는 것이 긍휼입니다. 긍휼은 이 모든 것들을 뛰어 넘어 불쌍히 여기는 마음입니다. 긍휼은 하나님의 성품이고, 따라서 마땅히 하나님의 백성에게 나타나야 하는 성품입니다. 하나님께서 당신의 의, 참된 의를 채워 주실 때, 그 결과로 맨 처음 드러나는 성품이 긍휼임을 꼭 기억하시기 바랍니다.

긍휼히 여김을 받았기 때문에 긍휼히 여깁니다

주님께서 "긍휼히 여기는 자는 복이 있나니 저희가 긍휼히 여김을 받을 것임이요."라고 말씀하셨습니다. 얼핏 읽으면 당연하다고 생각할 것입니다. '긍휼히 여기는 자가 긍휼히 여김을 받는 것은 당연하지'라고 말입니다. 하지만 곰곰이 생각해 보면 곤란한 문제가 있다는 것을 알게 됩니다. 우리가 긍휼히 여기지 않으면 어떻게 됩니까? 긍휼히 여기지 않으면 우리도 긍휼히 여김을 받을 수 없습니다. "긍휼히 여기는 자는 복이 있나니 저희가 긍휼히 여김을 받을 것임이요."라는 말을 "긍휼히 여기지 않아도 상관없나니 그럼에도 불구하고 저희가 여전히 긍휼히 여김을 받을 것임이요."라고 우리 맘대로 바꾸어서 말할 수는 없습니다.

그럼 우리가 긍휼히 여기는 조건으로 하나님께서 우리를 긍휼히 여기신다는 뜻일까요? 우리를 향한 하나님의 긍휼, 하나님의 은혜가 조건적입니까? 주님께서는 이것에 대해서도 명쾌하게 설명하셨습니다. 베드로가 "형제가 내게 범죄하면 몇 번까지 용서해야 됩니까? 일곱 번쯤 용서하면 되겠습니까?"라고 질문했습니다. 그러자 예수님은 "일흔 번씩 일곱 번이라도 용서하라"고 대답하시면서 다음의 비유로 말씀하십니다. 어떤 왕에게 일만 달란트를 빚진 종이 있었습니다. 이는 우리가 상상할 수 없을 만큼 큰 금액입니다. 왕이 그 종에게 어찌하여 그 큰돈을 꾸어 주었는가 하고 논리적으로 물으면 도저히 대답할 수 없는 금액입니다. 아무튼 그 종이 천 번 다시 태어나서 죽기까지 한 푼도 안 쓰고 갚아도 다 갚을 수 없을 만큼 어마어마한 돈입니다. 왕이 일만 달란트 빚진 종을 불러다가 빚을 다 갚을 때까지 옥에 가두겠다고 했습니다. 왕의 말을 들은 종은 "조금만 더 참아 주십시오. 제가 빚을 다 갚겠습니다."라고 사정했습니다. 왕은 그 종을 불쌍히 여겨서 상환을 유예해준 것이 아니라 아예 그 빚을 탕감해주었습니다. 그런데 이 용서 받은 종이 자기 집으로 돌아가다가 자기에게 백 데나리온 빚진 사람을 만났습니다. 백 데나리온은 일만 달란트와 비교할 수 없을 만큼 적은 돈입니다. 그 종은 백 데나리온 빚진 사람을 붙잡고는 빨리 빚을 갚으라고 협박했습니다. 그러자 그 사람은 종이 왕에게 했던 것과 똑같이 "조금만 참아주시오. 내가 빚을 갚겠소."라고 사정합니다. 하지만 종은 참지 않고 백 데나리온 빚진 사람을 옥에 가두었습니다. 그러고는 "빚을 갚기까지 나올 수 없다"고 말합니다. 옆에 있는 사람들이 이것을 보고 너무나 터무니없어서 왕에게 이 사실을 고합니다. 왕은 진노합니다. 당연하지 않겠습니까? 그 종을 불러다가 "내가 너를 불쌍히 여긴 것 같이 너도 네 동료를 불쌍히 여겨야 마땅하지 않느냐?"라고 책망하며 그를 옥에 가둡니다. 이 비유를 말씀하시고는 주님께서는 다음과 같이 결론을 내리십니다. "이와 같이 너희가 각각 중심으로 너희 형제를 용서하지 아니하면 천부께서도 너희를 용서하지 아니하시리라."

이것은 우리의 용서가 조건이 되어 하나님께서 우리를 용서하신다는 말씀이 아닙니다. 왕이 먼저 일만 달란트 빚진 사람을 용서해 주었습니다. 그래서 이런 용서를 받은 사람이라면 마땅히 용서를 해야 한다는 것입니다. "긍휼히 여기는 자는 복이 있나니 저희가 긍휼히 여김을 받을 것임이요."라는 말을 성경적으로 "긍휼히 여기는 자는 복이 있나니 저희가 긍휼히 여김을 받았기 때문이다."라고 바꿀 수 있는 겁니다. 긍휼히 여김을 받았기 때문에 긍휼히 여기는 것입니다.

심령이 가난한 사람이 긍휼히 여길 수 있습니다

우리가 긍휼히 여기지 않는다면 하나님의 긍휼을 모르는 사람인 것이고, 한 번도 하나님의 긍휼을 받아본 적이 없는 사람인 것입니다. 왜 그렇습니까? 하나님께서 우리에게 긍휼을 베푸시지 않아서가 아니라 우리가 한 번도 회개한 적이 없기 때문에, 그리고 한 번도 하나님께 긍휼을 구해본 적이 없기 때문에 자신이 받은 긍휼을 인식하지 못하는 것입니다. 그래서 제 오복이 제 일복과 연결된다고 한 것입니다. 누가 긍휼히 여길 수 있습니까? 심령이 가난한 사람이 긍휼히 여길 수 있습니다. 심령이 가난하다는 것이 무엇입니까? '나에게 긍휼이 필요하다'는 것을 인정하는 것입니다.

　이것은 우리 생활에서도 쉽게 찾아볼 수 있는 원리입니다. 여러분이 가장 아끼는 꽃병을 아이들이 깨뜨렸다고 가정해 보십시오. 아이들에게 꼭 잔소리를 하거나 야단을 치실 겁니다. "그러니까 내가 조심하라고 하지 않았어? 이건 내가 아끼는 꽃병이니까 절대로 손대지 말라고 그랬지? 집에서는 뛰어 다니지 말라고 그랬지?"라고 말하면서 야단을 칩니다. 그 꽃병이 비싸면 비쌀수록 좀 더 심하게 야단을 칠 것입니다. 그런데 우리가 깨뜨렸습니다. 자신이 깨뜨리면 어떻습니까? 얼마든지 실수할 수 있는 거라고 여깁니다. 그렇지 않습니까? "꽃병이 중요한가? 사람이 중요하지!" 이렇게 반응하지 않습니까? 우리가 큰 잘못을 하고 나면 갑자기 실수한 사람에 대해서 너그러워집니다. 자기도 실수를 했기 때문입니다. 그래서 자기의 실상이나 처지를 알 때, 자기가 하나님의 긍휼이 필요하다는 것을 뼛속깊이 알 때, 자기 심령이 정말로 가난해졌을 때, 긍휼히 여길 수 있게 됩니다.

　누군가를 긍휼히 여기지 않는다면, 그건 자기 자신이 깨져본 적이 없다는 말과 같습니다. 자기가 하나님의 긍휼이 필요한 자임을 깨달아 본 적이 없는 사람은 남에게 긍휼을 베풀지 못합니다. 과거에는 기억했을지 몰라도 지금은 잊어버렸고,

다시 마음이 강퍅해졌고 마음이 단단해졌기에 긍휼을 베풀지 못하는 겁니다.

하나님께서 심령이 가난하게 해 주십니다

우리는 어떻게 긍휼히 여길 수 있습니까? 대답은 심령이 가난해지는 것입니다. 누차 말씀드렸지만 이것은 하나님께서 하시는 일입니다. 하나님의 은혜로 부름 받고 예수님을 믿고 보니, 성령께서 우리 마음의 눈을 뜨게 해주셨음을 알게 됩니다. 이제 우리가 이 모든 것을 보게 되고 믿게 됩니다. 하나님의 거룩하심을 알게 되었고, 우리가 죄인임을 알게 되었습니다. 우리가 노력해서 스스로 죄인임을 깨달은 게 아닙니다. 하나님께서 깨닫게 해주셨기 때문에, 자신의 실상을 보게 된 것입니다. 진정한 의를 추구하는 사람은 자신이 죄인임을 부인할 수 없습니다. 의를 추구하면서 '내가 의를 많이 쌓았어. 나는 이만하면 의인이야.'라고 생각하는 사람은 아직도 의(義)가 무엇인지를 전혀 모르는 사람입니다. 하나님을 기쁘시게 하려고, 하나님의 뜻대로 온전히 행하려고 하는 사람은 우리가 그렇게 살 수 없다는 것을 뼈저리게 깨닫습니다. 그것이 심령이 가난해지는 것이고, 애통하는 것입니다. 그처럼 심령이 가난해질 때, 우리는 다른 사람에게 긍휼을 베풀 수 있는 것입니다.

긍휼히 여기는 것은 사랑하는 것입니다

제 오복은 긍휼입니다. 주님께서 우리에게 처음으로 채워주시는 참된 의는 긍휼이요, 다른 말로 하면 사랑입니다. 예수 믿는 사람은 무엇보다도 사랑의 사람이 되어야 합니다. 그것은 우리의 성품이 훌륭해서가 아니고, 우리가 사랑이 차고 넘치는 사람이어서도 아닙니다. 우리가 사랑을 받았기 때문입니다. 우리가 하나님의 사랑을 받았다면, 입만 열면 고백하는 것처럼 '하나님은 사랑'이시라는 것을 알았다면, 하나님의 사랑이 우리 마음을 적실 뿐만 아니라 그 사랑이 다른 사람에게로 흘러가야 합니다. 그렇게 긍휼히 여기는 것이 가장 중요한 복이 아닐까요? 정말로 긍휼이 중요하지 않습니까?

여러분, 우리는 어떤 사람에게서 감동을 받습니까? 저는 때때로 완벽한 사람을 만날 때가 있습니다. 사실은 완벽한 것이 아니겠지만, 거의 완벽해 보이는 사람을 만날 때가 있습니다. 이런 사람은 실수를 하지 않습니다. 약속은 반드시 지키는데, 항상 5분 전에 약속 장소에 와있고, 지나가는 말로 이야기한 것까지도 반드시 기억하고 지킵니다. 행동거지가 얼마나 올바른지 농담을 해도 지나치지 않고, 어느 쪽을 보아도 흠이 없습니다. 자기절제를 잘 하고, 자기훈련이 잘 되어 있습니다. 하지만 저는 그런 사람에게 호감을 느끼지 못합니다. 그런 사람 옆에는 좀처럼 부담스러워서 다가가기가 싫습니다.

어떤 분에 관한 이야기를 들은 적이 있습니다. 그분은 새벽 4시에 일어난다고 합니다. 새벽 4시에 일어나서 6시까지 말씀을 묵상하고 기도하며 주님과 깊이 교제하고, 6시부터는 동네를 한 바퀴 뛰거나 산책하고, 그 다음에 아이들을 잘 돌봅니다. 그분은 교과서였습니다. 너무나 훌륭합니다. 그러나 그 사람이 이 한 가지를 갖추고 있지 않으면, 저는 그 사람을 좋아하지 않을 겁니다. 그가 훌륭한 사람인 것을 인정하겠지만, 이 한 가지가 없다면 가까이 다가가지 못할 것 같습니다.

그 앞에 서면 제가 자꾸 부끄러워지고, 저의 못난 부분만 드러날 것이기 때문입니다. 그런데 그런 분이 이 한 가지마저 가지고 있다면, 저는 그 분을 진심으로 존경하게 될 겁니다. 그것이 무엇이겠습니까? 바로 긍휼히 여기는 마음입니다. 긍휼히 여기는 사람은 자신에 대해서 빈틈없이 모든 걸 잘하면서도 타인에게 그것을 요구하지는 않습니다. 하지만 자신에게 철저하지만 긍휼 없는 사람을 만나면, 그는 늘 교과서이고 정답이기 때문에, 그 앞에서는 모든 사람이 문제가 있고 틀린 사람이 됩니다.

그런데 그런 사람이 긍휼히 여길 줄 안다면, 자기 기준으로 남을 비판하거나 정죄하지 않고 다른 사람들을 널리 이해해주고 너그럽게 용납해 주기에 이런 사람에게서는 향기가 납니다. 여러분, 좀 부족해도 됩니다. 완벽하지 않아도 됩니다. 하지만 서로 불쌍히 여기고 서로 긍휼히 여기는 마음만은 꼭 있어야 합니다.

교회에는 어떤 사람이 올 수 있습니까? 교회는 반듯하고 완벽한 사람이 오는 곳이 아닙니다. 교회는 있는 그대로의 모습으로도 올 수 있는 곳입니다. 교회에 가면 부족한 우리를 반겨 줍니다. 물론 교회를 다니면서 점점 변해야 합니다. 교회에 오래 다니면서도 변하지 않는 것도 심각한 문제입니다. 그러나 다 변화된 다음에야 올 수 있는 곳이 교회는 아닙니다. 병이 다 나은 후에 병원에 오라고 한다면 병원이 왜 필요하겠습니까? 병이 있기 때문에 병원에 오듯이, 문제가 있기 때문에 교회는 필요한 것입니다. 교회는 지금 우리의 그 모습 그대로 와도 괜찮은 곳이어야 합니다. 왜 그렇습니까? 주님께서 우리를 긍휼히 여겨 주시기 때문에, 우리도 서로 긍휼히 여겨야 한다고 생각하는 사람들이 모인 곳이 교회이기 때문입니다.

제 육복
마음이 청결한 자

긍휼히 여기는 자를 지나서 이제는 제 육복, 마음이 청결한 자의 복으로 가겠습니다. "**마음이 청결한 자는 복이 있나니 저희가 하나님을 볼 것임이요.**" 긍휼이 사랑이라면, 제 육복인 마음이 청결한 자는 거룩함에 관한 것입니다. 우리가 하나님에 대해서 느끼는, 성경이 가장 강조해서 말하는 두 가지 하나님의 성품이 있는데, 그것이 바로 거룩함과 사랑입니다. 그래서 이 두 가지가 차례로 나오는 것입니다.

마음이 청결한 것은 주님을 향해서 온전하고 순수한 사랑을 품는 것입니다

"마음이 청결한 자는 복이 있나니 저희가 하나님을 볼 것임이요."에서 마음이 청결하다는 말을 다양하게 해석할 수 있겠지만, 크게 두 가지로 생각해 볼 수 있습니다. 첫째는 일편단심

(一片丹心), 영어로 "single-mindedness"입니다. 하나님 앞에서 오직 한 마음을 품는 것입니다. 다시 말하면 이것은 순수한 동기를 말합니다. 실존주의 철학자 키에르케고르(Kierkegaard)는 마음의 청결함, 마음의 순수함이란 오직 한 가지만을 의도하는 것(purity of heart is to will only one thing)이라고 말했습니다. 마음에 여러 가지가 섞여 있고 혼합되어 있는 상태는 청결한 것이 아닙니다. 마음에 있는 모든 불순물이 제거되어야 합니다. 마음이 단(丹)마음이 되어야 합니다. 한 마음이 되어야 합니다. 하나님을 향한 일편단심을 가지라는 뜻입니다. 여러분은 신앙 생활하면서 정말 한 마음, 순수한 마음, 오직 하나님만을 섬기고 사랑하는 일편단심을 품어본 적이 있습니까? 그렇다면 여러분은 마음이 청결한 것입니다. 그러나 그렇게 되기가 얼마나 어려운지 우리는 잘 알고 있습니다.

우리 마음을 들여다보면 거기에는 온갖 것이 뒤섞여 있습니다. 우리는 하나님을 섬긴다고 하지만, 마음 한구석에는 언제나 자아가 살아 있습니다. 하나님만을, 그 분만이 목적이 되어서 순수하게 사랑하기란 얼마나 어려운지 모릅니다. 하나님을 믿는다고는 하지만, 하나님이 목적이 아니라 수단이 될 때가 많습니다. 목적이 '나'가 되는 것입니다. '내 자아 만족'이 목적이 됩니다. 그것은 하나님을 믿는 일조차 우리 자신을 위한 일이 되는 것을 말합니다. 하나님께서 우리에게 복 주시도록, 하나님께서 우리 소원을 들어 주시도록, 하나님께서 우리를 칭찬하고 높여주고 보호해 주시도록 믿는 것입니다. 온갖 좋은 것으로 우리에게 해주시도록 만들기 위하여 하나님을 믿을 때, 우리는 하나님을 도구화하고 수단화하는 것입니다.

물론 일방적으로 "주십시오, 주십시오." 하면서 믿지는 않습니다. 그런 식으로 막무가내로 요구만 하면서 믿을 만큼 막돼먹지는 않았습니다. 우리는 하나님을 위해서 열심히 봉사하고 헌신하면서 살기도 합니다. 그런데 문제는, 그렇게 하면서도 늘 하나님이 그런 우리에게 복주시고 좋은 걸 베풀어 주실 거라고 암암리에 계산한다는 것입니다. 우리가 의식하던 그렇지 않던 상관없이 의식 저 밑바닥 깊은 곳에 그런 마음이나 의도가 자리하고 있습니다. 그것을 '숨은 동기(動機)'라고 부릅니다.

우리 속에 살아 있는 자아가 청결한 마음을 방해합니다

숨은 동기가 무엇입니까? 우리 마음 속 깊은 곳에 똬리를 틀고 있는 자아, 죽지 않고 시퍼렇게 살아있는 자아를 말합니다. 우리는 자신의 숨은 동기보다는 다른 사람의 것을 좀 더 잘 볼 수 있습니다. 구세주 증후군(savior syndrome)을 가진 한 주부가 있습니다. 이 주부는 집안의 구세주입니다. 남편과 자식들이 자기 없이는 살 수 없다고 생각합니다. 얼마나 헌신적으로 가족들을 섬기고 봉사하는지 모릅니다. 그의 말을 듣고 있으면 세상에 이처럼 훌륭한 아내, 훌륭한 엄마는 없을 거라는 생각이 듭니다. 그런데 정작 가족들은 행복하지 않습니다. 남편에게 "아내가 그렇게 지극정성으로 당신을 섬기니 얼마나 좋습니까?"라고 물어 보면 한숨만 쉴 뿐 대답을 못합니다. 남편은 대놓고 좋지 않다고 말할 수도 없습니다. 아내에게서 싫은 소리를 들을 것이 분명하기 때문입니다. 이렇게 헌신적으로 섬기는데 정작 남편이나 아이들 모두 편하지 않습니다.

조금만 분석해 보면 이 주부가 자신이 가족들을 위해서 얼마나 희생적이고 꼭 필요한 존재인지를 확인하고 싶어 한다는 것을 알 수 있습니다. '남편도 나를 필요로 한다. 애들도 나를 필요로 한다. 내가 없으면 우리 집은 꼴이 말이 아니다. 아무것도 되는 것이 없다.' 그래서 새벽부터 밤늦게까지 몸이 가루가 되도록 수고하지만, 그 동기가 진짜 사랑인지를 의심하지 않을 수 없는 것입니다. 정말 사랑한다면 가족들의 마음을 편하게 해주어야 하지 않을까요? 아들이 "엄마, 나 오늘 도시락 안 싸줘도 돼요. 그냥 학교 가서 사먹을게요."라고 하는데도 엄마는 몸살이 나서 몸이 뜨거운데도 "아니야, 내가 꼭 싸줘야 해!"라고 하면 아들의 마음이 편하겠습니까? 아들이 다시 "엄마가 싸 주는 걸 먹든 학교에 가서 햄버거로 사먹든 저는 상관이 없어요."라고 하는데도 엄마는 "아니야, 내가 싸주어야 돼!" 하여 가족들에게 마음의 빚을 잔뜩 지워 줍니다. 이 주부 앞에서는 가족들은 모두 빚쟁이가 되든지 죄인이 될 수밖에 없습니다. 이 예화는 스캇 펙(Scott Peck)이란 분이 쓴 책에 나옵니다. 어느 날 이 주부가 세상을 떠났는데 가족들의 표정이 밝아졌습니다. 가족들은 말로는 슬퍼한다고 하였지만, 조문객들이 보기에 그들의 표정은 "휴, 살았다!"라고 말하는 듯하였답니다.

숨은 동기가 무엇인지를 보여주는 좋은 예가 아닌가요? 이런 경우가 참 많습니다. 우리가 명분으로 내세우는 것과 실제로 원하여 추구하는 것이 얼마든지 다를 수 있습니다. 신앙생활에서도 마찬가지입니다. '내가 정말 주님을 사랑하는가? 주님이 나의 궁극적인 관심인가? 궁극적인 목적인가?' 아니면 '나는 여전히 나라는 우상을 섬기고 있고, 하나님은 나를 위해 존재하는 수단에 불과한 것은 아닌가?'를 점검해 보아야 할 것입니다.

마음이 청결한 자는 주님이 기뻐하시는 것을 가장 기뻐합니다

"상급"이라는 것이 있지요? 성경은 상급을 말하고 있습니다. 상급에 대한 가르침이 분명히 성경에 있기 때문에 교회에서 가르쳐야 하지만, 그 상급에 대한 가르침이 종종 오해를 불러일으킵니다. 교인들을 믿음으로 살게 하고 교회 봉사를 열심히 하도록 독려하고자 할 때 상급 이야기를 자주 꺼냅니다. "그런 식으로 믿어서 상급이 있겠느냐? 죽어서 하나님 앞에 가서 어떤 상급을 받으려고 그러느냐?"고 합니다. 그래서 좋은 상급을 받으려면 좀 더 열심을 내야 한다고 말합니다. 그들은 "구원은 받았지만, 구원 받는 것만으로 어떻게 만족하겠는가? 천국 가서 좋은 면류관을 받아야지."라고 가르칩니다. (이때 천국이라는 단어를 쓰는 것은 틀린 것이라고 이미 말씀드렸습니다.) 어떤 부흥사들은 "어떤 이는 천국에서 개털 모자를 쓰고 있다"라고도 말하는데, 이것은 말도 되지 않습니다. 천국에 개털모자가 있겠습니까? 그런 곳이 어찌 천국이겠습니까? 우리는 은연중에 다른 사람보다 상급을 더 받아야 한다는 의식이 있습니다. 경쟁심이 동기가 되어 신앙생활을 열심히 하고, 더 큰 상급을 받겠다고 애를 쓴다면, 전혀 그리스도인다운 정신(spirit)이 아닙니다. 그것은 자아를 추구하는 모습입니다.

그렇다고 상급이 없다는 이야기가 아닙니다. 상급은 바로 이런 것일 것입니다. 요한계시록 4장에 보면, 보좌가 있고 보좌 주위에 24장로가 둘러싸고 있습니다. 그 이십 사 장로가 자신들이 쓴 면류관을 벗어서 보좌에 앉으신 이에게 던지면서 그 분을 향하여 경배하고 찬양합니다.

하나님 앞에 갔을 때, 하나님께서 크게 기뻐하시는 자들의 특징은 "저는 주님께 아무것도 한 일이 없습니다. 저는 주님을 사랑하지 못했습니다. 저는 너무 주님 앞에 죄송합니다."라고 고백하는 것입니다. 그런데 주님께서 주님을 위해서 한 일이 하나도 없고 너무 너무 죄송하다고 고백하는 자들의 손을 잡아 일으키시면서 "잘하였도다. 착하고 충성된 종아, 네가 적은 일에 충성하였으니 내가 큰 것을 맡길 것이다. 네 주인의 즐거움에 참여하라."고 말씀하실 것입니다. 우리가 받을 상급은 다른 것이 아닙니다. 주님께서 우리를 기뻐해 주시는 것입니다. 그 이상의 상급이 어디에 있겠습니까? 왜 그렇습니까? 진실로 주님을 사랑하는 마음에는 단 하나의 소원 밖에 없기 때문입니다. 그것은 주님을 기쁘시게 하고 싶다는 마음입니다. 주님을 위해서 주님을 기쁘시게 하고 싶은 것입니다. 그것이 우리의 소원입니다. 그래서 주님을 기쁘시게 하고 싶은 사람들이 받는 상급은 주님께서 기뻐해 주시는 것입니다. 주님께서 우리를 기뻐해 주시는 것이 상급입니다.

저는 이 놀라운 진리를 또 우리 아이를 통해서 배웠습니다. 우리 둘째 아이가 학교에서 도넛을 가지고 왔습니다. "아빠 이것을 드세요." "아니, 네가 어떻게 이 도넛을 가져올 생각을 했니?" 이것은 완전히 고양이가 생선을 물어 가지고 제 앞에 가지고 온 격입니다. 당연히 자기가 먹어치웠을 도넛을 먹고 싶은 것을 참아가면서 저에게 가져왔습니다. "아빠 드세요." 그 도넛을 제가 먹었을까요, 안 먹었을까요? 아이의 머리를 쓰다듬어 주면서 "예쁜 아들아, 아빠가 너무 너무 감동했다. 아빠는 먹지 않아도 먹은 것과 같아. 이건 너 먹어라."라고 하며 도넛을 돌려주었을까요? 아닙니다. 저는 "야! 고마워." 하면서 꿀꺽 삼켰습니다. 둘째 녀석이 입맛을 다시면서 그래도 한 입은 남겨줄까 생각했는지 모르지만 제가 다 먹었습니다. 그러면서 제가 크게 기뻐해 주었습니다. "야! 정말 맛있다. 누가(Luke)야, 네가 어떻게 이런 생각을 다했니? 네가 어떻게 이것을 아빠에게 가져다 줄 생각을 다했을까? 우리 누가, 정말 고맙다. 정말 고맙다." 정말로 저는 눈물이 나게 고마웠습니다. 그랬을 때 우리 아이가 너무 너무 기뻐했습니다. 얼굴에 홍조를 띠고 부끄러워 하면서 "괜찮아요.(You're welcome.)" 하며 뛰어 나갔습니다. 그 때 우리 아이는 가장 기쁜 마음을 가졌습니다. 아빠가 그토록 기뻐해 주는 것이 그 아이에겐 크나 큰 상이었습니다. 그런데 둘째가 만약에 "아빠, 정말 맛있으세요?" "맛있지." "아빠 정말 제가 잘했다고 생각하세요?" "잘했지." "그런데요. 제 생일이 가까워 오는데요."라고 했다면 도넛 먹은 것이 다 체했을 것입니다.

주님과 우리는 사랑의 관계를 맺고 있습니다. 그런데 주님 앞에 가서 도대체 우리에게는 어떤 면류관을 씌워 주시는지를 살펴보고 누가 일등을 했는지 기웃거린다면, 마음이 청결한 것이 아닙니다. 마음이 청결한 것은 순수한 것입니다. 우리 마음이 순수해지고 깨끗해지는 것, 주님을 향한 일편단심의 마음이 청결한 것입니다. 그래서 우리가 주님 앞에서 자기의 동기를 점검하고 돌아볼 때, 좀처럼 지워지지 않는 자기중심성, 끝까지 살아서 "내 몫은 없습니까?"라고 부르짖는 자아를 보고서 우리는 안타깝고 부끄러운 마음을 갖는 것입니다. 마음이 청결한 것은 주님을 향한 온전하고 순수한 사랑을 품는 것입니다.

마음이 청결한 자는 거룩함을 추구합니다

마음이 청결한 것의 두 번째 의미는 거룩함입니다. 마음이 청결하다는 말은 거룩하다는 것입니다. 히브리서 12장 14절에 "모든 사람으로 더불어 화평함과 거룩함을 좇으라. 이것이 없이는 아무도 주를 보지 못하리라."라고 말합니다. 거룩함이 없이는 아무도 주를 보지 못한다는 말씀을 뒤집으면 거룩함을 추구하는 자가 주를 본다는 뜻입니다. 마음이 청결한 자는 하나님을 볼 것이라는 말씀과 같은 말씀이 아닙니까? 그래서 우리는 마음의 청결함은 거룩함이라고 생각할 수 있는 겁니다.

거룩함이란 하나님의 구별되심을 말합니다. 하나님께서 우리와 완전히 다른 초월적인 분(Holy Other)이시란 뜻입니다. 그것이 하나님의 거룩함이시라면, 인간의 거룩함은 우리가 그 하나님께 속하는 것을 말합니다. 추상적인 말이어서 조금 더 설명이 필요합니다. 하나님은 모든 것과 구별되어 존재하십니다. 이 거룩함의 한 중요한 측면은 하나님께는 죄와 악이 조금도 없으시다는 것입니다. 하나님께서는 죄와 악과 불의로부터 완전히 떨어져 계신 분이며, 그야말로 완전히 선하시고, 완전히 진실하시고, 완전히 깨끗하신 분이십니다. 그래서 우리가 거룩함을 추구한다는 것은 우리도 역시 죄와 불의와 악으로부터 벗어나는 것이며, 그런 것들로부터 구별되는 것이며, 그런 것들로부터 멀어지는 것을 의미합니다.

하나님을 온전히 사랑하는 것과 죄와 악으로부터 떠나는 것은 서로 별개가 아닙니다. 죄와 악으로부터 떠나는 것은 어떤 추상적인 원리에 입각해서 하는 행동이 아니라, 살아계신 하나님을 사랑하고 그 분에게 우리를 맞추는 것입니다. 그래서 마음의 청결함 혹은 마음의 순수함은 오직 하나님만 순수하게 사랑하는 것이며 동시에 죄와 악을 온전히 버리고 불의에서 떠나 주님 앞에 깨끗해지는 것을 말합니다. 그러한 사람이 하나님을 볼 수 있습니다.

애통함을 통해서 우리는 청결해집니다

그런데 그렇게 마음이 청결해지는 것이 과연 가능할까요? 제 육복은 제 이복, 애통하는 것과 연결되어 있다고 했습니다. 애통함을 통해서 우리의 마음은 청결해집니다. 신앙생활을 할 때, 정말 순수하게 주님을 사랑하고 싶은데 우리 마음에는 불순한 동기가 늘 있습니다. 숨은 동기, 숨은 자아가 늘 있어서 절망하기도 하고 좌절하기도 합니다. 의를 진정으로 추구해 보지 않은 사람은 절망도 하지 않습니다. 대충 사는 사람은 자기가 얼마나 죄인인지 모릅니다.

우리는 늘 '내가 노력하지 않아서 그렇지. 내가 마음을 먹지 않아서 그렇지. 마음만 먹으면 얼마든지 착하게 살 수 있어. 마음만 먹으면 좋은 남편, 좋은 아내가 될 수 있어. 그런데 지금은 좀 귀찮은 게 문제지. 당장 정신 차리고 마음을 다잡고 결심하는 일 자체가 귀찮아.'라고 생각합니다. 안하기 때문에 못하는 것일 뿐 하기만 하면 잘 할 수 있다고 생각합니다. 하지만 그건 착각 중에 착각입니다. 실제 해보십시오. 우선은 그렇게 해보겠다고 결심하는 날이 좀처럼 오지 않을 겁니다. 미루고 미루다가 결심 자체가 불가능하다는 것을 알게 될 것입니다. 그 럭저럭 결심은 할 수 있습니다. '그래, 새해가 되었으니 나도 한 번 결심하고 사랑해 보자.'라고 다짐할 수 있습니다. 하지만 저 는 단 하루라도 아내에게 온전히 친절하게 대하는 것조차 얼마 나 어려운 일인지를 잘 알고 있습니다. 아내가 아이들에게 잔 소리를 많이 합니다. 아내가 아이들에게 잔소리하는 것을 들으 면, 어렸을 때 제 어머니가 잔소리하던 것이 생각나서 듣기 싫 습니다. 그래서 잔소리를 해도 효과가 없으니 아이들을 그냥 내버려 두라고 아내를 말립니다. 그러면 아내가 꼭 하는 말이 있습니다. "당신도 하루만 아이들하고 같이 있어보세요." 저는 아침에 사무실로 나가고 저녁에 집에 와서 하루 중에 몇 시간 만 아이들을 보니까 아이들을 예뻐할 수 있습니다. 그런데 아 이들과 하루 종일 함께 지내는 아내는 말을 안 듣고, 밤낮 게임 하고, 컴퓨터하려고 싸우는 아이들에게 잔소리를 안 할 수 없 는 것입니다. 우리가 아이들에게 인자한 부모가 되겠다고 결 심만 하면 얼마든지 그런 부모가 되겠거니 생각하겠지만, 실제 해보면 안 된다는 것을 경험할 것입니다.

우리가 정말 의롭게 살아보려고 노력하고 애쓸 때, 우리 힘 만으로는 의롭게 살 수 없다는 걸 뼈저리게 느끼게 됩니다. 그 러면 애통하게 되는 겁니다. 주님께서 우리 마음을 사로잡고 있기 때문에 주님을 사랑하고 주님의 뜻에 순종하려는 마음을 포기하지 않는 것입니다. 주님께서 붙잡고 계시는 손길 역시 너무나 끈질기고 질깁니다. 주님께서 절대 안 놓으시기 때문에 마음에 평화가 없는 것입니다. 우리 마음대로 살고 욕심대로 살면 마음에 평화가 없습니다. 그리스도인은 자기 마음대로 살다가도 마음이 괴로워서 주님 앞에 돌아올 수밖에 없는 존재들입니다. "주님 뜻대로 살겠습니다. 주님 뜻대로 순종하겠습니다." 그러나 순종하려고 하면 또 순종 못하여 갈등하는 우리의 모습을 보게 됩니다. 그래서 "오호라, 나는 곤고한 자로다."라는 탄식이 나오지 않을 수 없습니다. 반면에 "오호라, 나는 곤고한 자로다."라는 말을 꿈에도 해본 적이 없는 이들도 있습니다. 주님 뜻대로 살아보려고 한 적이 없으니 자기가 곤고한 줄 모르는 것입니다. 대충 살기 때문에 마음속으로 '내가 마음만 먹으면 나도 잘할 수 있어.'라고 생각하는 것입니다. 그 마음먹는 일 자체도 잘 할 수 없다는 사실을 깨닫지 못한 사람입니다. 정말 주님 뜻대로 살려고 하면 애통하게 됩니다. 애통하면서 자신의 깊은 죄성을 깨달을수록 마음이 깨끗해집니다. 그리스도인의 성화는 의를 쌓아가는 과정이 아니고 죄를 깨달아가는 과정인 것입니다.

마음이 깨끗해져야 깨끗해진 마음에서 주님께서 기뻐하시는 의가 나옵니다. 마음은 안 바뀌고 여전히 이기적이고, 교만하고, 자기중심적인데 그 사람이 행한 것을 의라고 부를 수 있을까요? 우리 속은 불순한 것이 잔뜩 끼어 있어서 혼탁하고, 율법주의, 공로주의, 기복주의를 통해 자기 욕심을 감추고 있는데, 뭔가 열심히 노력한다고 하여 의라고 부를 수 있겠습니까? 그것이 바로 바리새인의 의입니다. 우리가 주님을 위해서 열심히 한다고 하지만, 왜 그 열심 때문에 주변 사람들이 상처를 받고, 이 사회는 교회의 열정에 감동하는 것이 아니라 기독교에 질리는 이상한 현상이 일어나는 걸까요? 우리 안에 자아가 살아있기 때문입니다. 마음이 청결하지 않기 때문입니다. 어떻게 해야 됩니까? 애통해야 됩니다. 회개해야 합니다. 죄를 죄로 보아야 합니다. "하나님, 제 속에 죽지 않고 시퍼렇게 살아있는 자아가 있습니다." "하나님, 제 자아를 십자가에 못 박기를 원합니다." 그러나 우리가 못 박았다고 생각하는 그 순간 또 살아나 있는 우리의 자아를 봅니다. 이렇게만 이야기하면 그리스도인의 삶이 절망과 패배로만 점철될 수밖에 없다는 말로 듣기 쉬운데 그런 뜻이 아닙니다. 주님의 은혜로 우리는 일어나고 또 일어날 것입니다. 미가서 7장 8절에 "나는 넘어져도 다시 일어날 것이라"는 말씀이 있습니다. 그래서 애통하면서, 우리 속에 있는 깊은 죄성을 깨달으면서, 동시에 하나님의 은혜와 용서와 자비를 깨닫는 것입니다. 이 일이 반복되면서 우리는 변화되어 가고 성화되어 가는 것입니다. 그래서 마음이 청결해지는 것입니다.

마음이 청결해 지는 것은 도(道)를 닦아서 되는 것이 아닙니다. 홀로 수도원에 들어가서 묵상하고, 기도하며, 전념한다고 청결해지는 것이 아닙니다. 성령께서 우리 안에서 깨닫게 해주실 때 그리고 우리가 믿음으로 살려고 몸부림칠 때, 우리 안에 주님께서 일으켜 주시는 변화가 바로 청결함입니다. 기독교 성자들에게는 공통된 점이 있습니다. 그것이 기독교 성자들과 비기독교 성자들의 차이를 만들어냅니다. 힌두교에는 유명한 구루(guru)들이 있습니다. 힌두교의 지도자, 영적 스승을 구루라고 하는데, 그 가운데 오쇼 라즈니쉬(Osho Rajnesh)라는 유명한 구루가 있습니다. 오쇼 라즈니쉬는 "나는 태어난 적도 없고 죽은 적도 없다."는 말을 곧잘 합니다. 인간은 자연적인 본성에 계속 내버려두면 자기가 신이 된다고 말합니다. 비기독교 성자들은 다 자기가 진짜 성자이고 어떤 경지에 도달했다고 주장합니다. 그런데 기독교 성자 중에 그런 말을 하는 사람을 본 적이 있습니까? 기독교 성자들은 한결같이 "나는 죄인입니다. 주여,

나를 불쌍히 여겨 주시옵소서."라고 말합니다. 여러분은 어느 마음이 더 깨끗하다고 생각합니까?

예레미야 선지자는 우리 마음은 만물보다 심히 부패하고 거짓되었다고 합니다. 우리 마음은 부패하고 거짓되고 자기기만적입니다. 우리 마음은 항상 안으로 굽어서 자신을 의롭다고 합니다. 자기가 하는 일은 타당하고 그럴 만한 이유가 있다고 자신을 합리화를 합니다. 요즘 뉴스를 보면 너무 기괴한 범죄들이 많습니다. 그런데 그런 짓을 저지른 사람 중에 "나는 정말 죽일 놈입니다. 나를 죽여주십시오."라고 말하는 사람을 보신 적이 있습니까? 그들 중에 "내가 생각해도 정말 내가 싫습니다. 내가 왜 이 지경이 되었는지 한탄스럽습니다."라고 말하는 사람이 얼마나 될까요. 모두 변명합니다. "술이 취해서 그랬다." "어쩔 수 없이 그랬다."라고 하면서 처벌을 두려워할 뿐 죄를 범한 그 행동이나 자신에 대해서는 심각하게 괴로워하거나 뉘우치는 사람이 드뭅니다.

정말 중요한 것은 마음입니다. 아무리 큰 죄를 지었어도 그 마음 중심으로부터 통회하고 주께 부르짖으며 회개하는 심령은 깨끗해집니다. 주께서 회개하는 자의 심령에 용서를 주시고 그 마음을 깨끗케 해주십니다. 문제는 작은 죄를 지었더라도 회개할 줄 모르고, 죄를 죄로 느끼지 않고, 악을 미워하지 않는 것이 문제입니다. 왜 그렇습니까? 그 마음이 악에게 사로잡혀 있기 때문입니다. 그 마음이 죄에 속고 있기 때문입니다. 그래서 의를 쌓아가는 것이 중요한 것이 아니고 죄를 깨달아가는 것이 중요한 것입니다. 그렇게 마음이 죄에 대해서 슬퍼하고 애통하면서 주님의 뜻을 순종하기를 사모할 때 우리 마음이 청결해집니다.

마음이 청결한 자는 하나님을 봅니다

"마음이 청결한 자는 복이 있나니 저희가 하나님을 볼 것임이요." 여러분, 하나님을 본다는 이 사실에 대해서 생각해 보셨습니까? 우리의 불평은 대부분 하나님이 보이지 않는다는 것입니다. "하나님을 한번 보여 봐. 그럼 믿을 거야!"라고 말하는 사람이 많습니다. 그러나 하나님은 보이지 않습니다. 하나님은 영이시기 때문에 육안으로는 하나님을 볼 수 없습니다. 그런데 마음이 청결한 자가 어떻게 하나님을 본다는 말씀일까요? 요한일서 3장 2절과 3절에 이런 말씀이 있습니다. "사랑하는 자들아 우리가 지금은 하나님의 자녀라. 장래에 어떻게 될 것은 아직 나타나지 아니하였으나 그가 나타내심이 되면 우리가 그와 같을 줄을 아는 것은 그의 계신 그대로 볼 것을 인함이니 주를 향하여 이 소망을 가진 자마다 그의 깨끗하심과 같이 자기를 깨끗하게 하느니라." 사도 요한은 지금은 우리가 하나님의 자녀인데, 장래에 어떻게 될 것은 지금 모르지만 주님께서 재림하시면 우리가 주님과 같아질 것이라고 말하고 있습니다. 구체적으로 다른 것은 잘 모르지만, 주님께서 다시 오실 때 우리가 주님과 같아질 것인데, 그 때 주님 계신 그대로 우리가 볼 것이라는 뜻입니다. 그것이 우리에게 약속된 소망입니다. 언젠가 주님을 만나게 될 거라는 소망이 그리스도인들에게는 있습니다. 주님께서는 꼭 다시 오실 것입니다. 주님께서 나타나시는 날이 있을 것입니다. 그때 우리는 주님을 보게 될 것이고, 주님을 볼 때 우리는 주님과 같아질 것입니다. 주님의 거룩하신 모습, 주님의 인자와 긍휼이 풍성하신 모습, 주님의 순결하시고, 진실하시고, 온유하시고, 겸손하신 모습, 사랑의 주님의 모습을 보게 될 것입니다. 그것을 보는 순간 우리도 그 분과 같아질 것입니다. 얼마나 놀라운 소망입니까? 그런데 그것은 미래에 있을 일입니다. 그래서 이 소망을 가진 자마다 자기를 깨끗하게 하라고 사도 요한은 말하고 있는 것입니다.

하나님을 본다는 것은 하나님의 성품에 공감하는 것입니다

그러면 "마음이 청결한 자는 복이 있나니 저희가 하나님을 볼 것임이요."라는 이 약속은 주님께서 다시 오실 때 보게 된다는 말입니까? 물론 그것을 포함하지만 마음이 청결한 자는 지금도 하나님을 볼 수 있습니다. 어떻게 봅니까? 청결한 마음을 통해서 볼 수 있습니다. 하나님에게는 형상이 없습니다. 하나님께서 우리 눈앞에 나타나실 때 특별한 방법으로 나타나시는데, 성경에 보면 주로 천사의 모습으로 나타나십니다. 따라서 우리가 하나님을 직접 보는 것은 아닙니다. 하나님은 형상이 없기 때문에, 어떤 형상을 본다는 뜻일 수 없습니다. 그렇다면 하나님을 본다는 것이 무엇을 의미하는 것입니까? 그것은 하나님의 성품에 공감하는 사람이 된다는 뜻입니다. '하나님은 거룩하시다.'라는 말을 우리가 다 알고 있습니다. 그런데 우리 마음에 하나님의 거룩하심이 느껴지는가 하는 것은 별개의 문제입니다. '하나님은 사랑이시다.'라는 말을 우리는 다 잘 압니다. 그런데 어떤 사람은 그것을 마음으로 깨닫습니다. 어느 날, 하나님이 사랑이시라는 걸 깨닫고 공감하게 됩니다. 하나님이 사랑이시라는 걸 정말 알고 나면, 그 하나님을 아는 지식이 너무나 확실하고 강력해서 '하나님은 정말 사랑이시다.'라고 느껴지는 순간이 옵니다. 이것은 우리 마음이 하나님께 사로잡혔기 때문입니다. 여러분이 하나님을 생각하실 때, 하나님의 모습, 즉 성경이 증거하는 하나님의 속성에 대해서 여러분의 마음에 공명이 일어납니까? 울림이 있습니까? 공감이 있습니까? 하나님의 놀라운 속성, 성품, 그 아름다운 모습들이 마음에 감동을 불러일으킵니까? 우리가 하나님을 본다는 것은 우리 마음으로 보는 것입니다. 육안으로 보는 것이 아니고 심안으로 보는 것이고, 영안으로 보는 것입니다.

마음이 청결한 자만 하나님을 볼 수 있습니다

마음이 청결한 자가 하나님을 보게 되는 이유는 마음이 청결한 자만 하나님을 보고 싶어 하기 때문입니다. 우리는 대부분 하나님을 보고 싶어 하지 않습니다. 더 적나라하게 말한다면 우리는 하나님에 대해 별로 관심이 없습니다. 조금 전에 말씀드린 것처럼, 우리는 하나님께서 주시는 어떤 것들, 구원을 주시고, 복을 주시고, 보호하여 주시고, 함께하여 주시고, 인도하여 주시고 하는 것들, 즉 하나님께서 우리에게 베푸시는 것들에 관심이 있을 뿐 하나님 자신에 대해서는 잘 모르고 관심이 없습니다. 그런데 우리 마음이 팔복의 과정을 지나면서 점점 주님의 의로 채워지고 주님을 더 깊이 알게 되면, 이제부터는 우리에게 소중한 것이 하나님께서 우리에게 주시는 어떤 것들이 아니라 하나님 자신이 됩니다.

우리 둘째가 도넛을 저에게 가져왔을 때, 그 아이의 마음은 순수했습니다. 아빠를 기쁘게 하고 싶었던 것입니다. 둘째는 제가 회초리를 많이 들어서 키웠습니다. 제가 심하게 야단을 친 적이 여러 번 있습니다. 며칠 전에도 엄마에게 무척 못되게 굴어서, 제가 데리고 들어가서 눈물이 쏙 나도록 야단을 쳤습니다. 그런데 야단을 치고 나면 제가 더 괴롭습니다. '이 아이가 얼마나 마음에 상처를 받았을까?' '혹시 내가 작은 일을 가지고 지나치게 야단친 것은 아닐까?'라고 생각하며 고민합니다. 그래서 둘째가 자는 방에 몰래 들어가서 제가 때린 엉덩이에 멍은 들지 않았는지 살펴보기도 합니다. 제가 들어온 기척에 아이가 반쯤 눈을 뜨면 "너 괜찮냐?"고 물어보고, "아빠가 너 미워해서 그런 것 아닌지 알지?" 하고 꼭 확인합니다. 나중에 보면 우리 아이가 저에 대해서 원망이 없습니다. 아빠가 자기를 사랑한다는 사실을 정말 압니다. 우리가 하나님과의 관계에서 하나님을 아는 것이 가능합니다.

우리는 하나님을 알 수 있습니다. 하나님께서 우리에게 주신 어떤 것들이 아니라 하나님 그분 자신에게 관심을 갖고, 그분 자신을 사랑하고, 그분 자신을 추구하는 일이 가능합니다. 그것이 우리 기독교의 모든 성자들의 가르침이고 고백입니다. '하나님을 보는 법'이 그와 같습니다. 우리가 선을 사랑하면 하나님의 선하심을 느끼게 됩니다. 정말 거룩함에 목말라하면 하나님의 거룩하심을 마음으로 느끼게 됩니다. 죄와 불의와 악에 대해서 분노를 느끼고, '이건 정말 아닌데' 라는 마음을 품으면, 하나님이 죄를 미워하시는 분임을 알게 됩니다. 우리의 성품이 하나님의 성품을 닮아가는 것입니다. 이것이 하나님을 보는 것입니다.

여러분, 하나님 보기를 원하십니까? "하나님, 어떻게 꿈에도 한번 안 나타나십니까?"라고 하면서 육안으로 보려고 하지 마십시오. 그런 식으로 보는 건 성화에 도움이 되지 않습니다. 어떤 분들은 꿈에서라도 예수님을 보게 해 달라고 기도하는데, 꿈에 예수님이 나타나신다고 해서 우리가 달라지는 것은 아닙니다. 우리 성품이 하나님의 성품과 일치되어갈 때, 우리가 마음으로 하나님의 마음을 느낄 때, 하나님의 심정을 조금씩 조금씩 더 알아갈 때, 우리는 "하나님은 살아 계십니다. 하나님은 이런 분이십니다."라고 확신을 가지고 사람들에게 증거할 수 있습니다. 이것이 하나님을 보는 것입니다.

욥이라는 사람을 아실 것입니다. 성경에서 주님께서 친히 '의인'이라고 불러주신 사람이 셋 있습니다. 그 세 사람은 노아와 욥과 다니엘입니다. 욥기를 읽어 보면 우리는 욥이 얼마나 훌륭한 사람인지 알 수 있습니다. 그런데 욥이 "내가 주께 대하여 귀로 듣기만 하였더니 이제는 눈으로 주를 뵈옵나이다."라는 고백합니다. 눈으로 주를 본다는 욥의 고백은 욥기의 맨 마지막 장에 나옵니다. 욥의 모든 고난이 끝나고 하나님께서 욥에게 나타나셨을 때, 욥이 그런 고백을 했습니다. 그럼 그 전에는 무슨 일이 있었습니까? 욥이 고난을 받고 연단을 받는 내용이 나옵니다. 그 고난과 연단 중에 욥이 이런 말을 합니다. 욥기 27장 6절입니다. "내가 내 의를 굳게 잡고 놓지 아니하리니 일평생 내 마음이 나를 책망치 아니하리라." 욥은 훌륭했던 사람입니다. 전심으로 하나님을 순종한 사람입니다. 그럼에도 불구하고 마음에 해결되지 않는 어떤 문제가 있었습니다. 자기 의였습니다. 욥은 자기가 하나님을 전심으로 사랑했다고 생각하기 때문에, 자기의 의를 잡고 절대 놓지 않겠다고 말하는 것입니다. 욥은 '내가 한번 하나님을 만나서 따져 보고 싶다. 하나님을 만나면 따질 말이 나에게 있다. 도대체 왜 나에게 이 고난을 베푸시느냐고, 왜 이렇게 나에게 행하시느냐고, 내가 이 일을 당할 이유가 무엇이냐고, 내가 사랑하는 줄 주님은 아시지 않느냐고, 내 손이 깨끗한 것을 주님은 아시지 않느냐고 따지고 싶다.'라고 생각했습니다. 그런데 바로 그것이 깨져야 했던 욥의 문제였습니다. 욥의 자기 의가 깨져야 했습니다. 연단을 통해서 고난을 통해서 욥은 정결케 됩니다. "나의 가는 길을 오직 그가 아시나니 그가 나를 단련하신 후에는 내가 정금같이 나오리라.”라는 말씀처럼 말입니다. 그토록 훌륭하고, 하나님이 칭찬하셨던 욥이었지만, 욥의 마음에 마지막까지 남아있던 그 교만은 바로 자기 의였습니다. 그런데 주님께서 친히 나타나시자 “내가 내 손으로 내 입을 한하고, 내가 아무것도 모르고 말했다.”라고 고백합니다. 욥이 재 위에 꿇어 앉아 주님 앞에서 자기 손으로 자기 입을 가리고 “내가 스스로 한하나이다. 내가 나를 이제 자제합니다. 내가 너무 모르고 지껄였습니다. 내가 모르는 말을 너무 많이 했습니다.”라고 회개할 때, 욥은 하나님을 보게 되는 것입니다. 여러분, 놀랍지 않습니까? 하나님을 보는 것(visio dei)을 최고의 선(summum bonum)이라고 기독교 영성가들은 말해 왔습니다.

하나님을 보는 것이 무엇보다도 소중한 것입니다

여러분, 하나님을 본다면 우리에게 더 필요한 것이 있을까요? 토마스 아퀴나스라고 하는 중세 최고 신학자가 있었습니다. 그 분이 쓴 책 중에 〈신학대전〉이라는 것이 있습니다. 방대한 책입니다. 그런데 그 책은 미완성입니다. 그는 왜 완성하지 못했을까요? 저술을 거의 끝낼 무렵 그가 하나님을 보았습니다. 어떤 신비한 체험을 했는데, 하나님께서 아퀴나스에게 당신을 보여 주셨습니다. 그 일이 구체적으로 어떤 것이었는지는 아무도 모릅니다. 그러나 아퀴나스는 "내가 실체를 보고 나니 내가 하는 모든 일은 그림자일 뿐이다."라고 말했습니다. 살아 계신 주님을 뵙고 나니 책을 쓰는 일이 무의미하게 느껴졌다는 것입니다. 물론 우리는 그 분이 그 정도 쓴 것만으로도 신앙에 크게 도움을 받고 있습니다. 그러나 하나님을 정말 보게 되면, 그 모든 것이 무슨 의미가 있겠습니까?

여러분, 표지판이 가리키는 대상을 만나면, 그 표지판이 계속 필요할까요? 표지판의 역할은 무언가를 가리키는 것입니다. 그것이 가리키는 실체, 대상을 알게 되면 그 표지판은 더는 필요 없게 됩니다. 언젠가 우리는 주님을 보게 될 것입니다. 주님은 다시 오실 것이고, 주님을 보되 얼굴과 얼굴을 맞대고 볼 것입니다. "그의 계신 그대로를 볼 것으로 인함이니 이 소망을 가진 자마다 주의 깨끗함 같이 자기를 깨끗케 할 것이라."라고 사도 요한은 말하고 있습니다. 그러나 지금 이 순간에도 주님을 마음으로 느낄 수 있습니다. "마음이 청결한 자는 복이 있나니 저희가 하나님을 볼 것임이요." 주님께서 우리에게 주시고자 하시는 복이 바로 이 복입니다. 우리가 정말 깨끗한 존재가 되는 것, 거룩한 존재가 되는 것, 긍휼과 청결함으로 우리를 채워주시는 것을 원하시는 것입니다.

이제 여러분은 팔복이 진짜 복인 것을 아시겠습니까? 그것은 기껏해야 세상에서 좀 더 안락하게 사는 기복주의적인 복이 아니고, 주님의 백성으로 빚어져 가며, 주님의 의로 채움 받으며, 주님을 보는 그 마음의 눈이 열리게 해 주시는 복입니다. 이제 우리가 팔복 중에서 여섯 번째 복까지 묵상을 했습니다. 두 복이 더 남았는데, 어느 분이 팔복에 대해서 이런 말씀을 하셨습니다. 'Almost Heaven'이라고, 팔복을 읽고 묵상하면 '이것이 하늘나라구나. 이게 하늘이구나. 하나님이 여기 계시구나.'라고 느끼게 된다는 것입니다. 저는 여러분도 그렇게 느꼈으면 좋겠습니다. 여러분이 팔복을 묵상하면서 "여기 하나님이 계시구나. 이게 'Heaven'이구나. 'Almost Heaven'이구나." 하고 느끼기를 바랍니다. 주님께서 우리에게 지금 이런 큰 복을 베풀고 계십니다. 우리 주님께 감사합시다.

4부

팔복 IV

화평케 하는 자 | 의를 위하여 핍박을 받은 자

화평케 하는 자는 복이 있나니 저희가 하나님의 아들이라 일컬음을 받을 것임이요. 의를 위하여 핍박을 받은 자는 복이 있나니 천국이 저희 것임이라. 나를 인하여 너희를 욕하고 핍박하고 거짓으로 너희를 거슬러 모든 악한 말을 할 때에는 너희에게 복이 있나니 기뻐하고 즐거워하라. 하늘에서 너희의 상이 큼이라. 너희 전에 있던 선지자들을 이같이 핍박하였느니라.

_마태복음 5장 9~12절

의의 기준은 하나님입니다

그동안 팔복 중의 여섯 가지 복을 살펴보았습니다. 이 시간에는 나머지 두 복, 제 칠복과 제 팔복을 살펴보려고 합니다. 저는 이미 팔복을 하나님의 백성의 초상화라고 말씀드렸습니다. 거기에 더해서 누군가가 여러분에게 팔복이 무엇이냐고 묻는다면, '팔복은 의인이 되어가는 과정이다.'라고 대답할 수도 있습니다. 팔복의 주제는 '의'입니다. 제 사복에 '의에 주리고 목마른 자는 복이 있나니'라는 말씀이 나오고, 제 팔복에 '의를 위하여 핍박을 받은 자는 복이 있나니'라는 말씀이 나옵니다. 그래서 팔복은 의를 향하여 진행하는 과정이고, 우리가 참으로 의인이 되어가는 과정이라고 말할 수 있습니다.

그런데 이 시점에서 우리는 의의 기준이 무엇인지를 생각해 보아야 할 것 같습니다. 의인이 되어가는 것, 의롭게 사는 것, 의를 추구하고 의에 주리고 목마른 것, 모두 좋은 일입니다. 그러나 도대체 의가 무엇입니까? 의의 기준이 무엇입니까? 어떤 사람들은 자기 양심으로 의의 기준을 삼고, 양심의 차원에서 의를 이해하고자 합니다. 그런 사람들은 "의란 양심대로 사는 것이다. 내 양심에 옳다고 생각되는 대로 사는 것이고, 양심에 거스르거나, 양심에 반해서 살아가는 것은 옳지 않다."라고 말합니다. 과연 그럴까요? 대체로 사람마다 양심의 작용이 크게 다르지는 않을 것입니다. 그럼에도 불구하고 어떤 사람은 자기 양심이 가르치는 바가 다른 사람이 말하는 것과 다르다고 주장하는 사람이 있을 수 있습니다. 양심의 기준은 객관적이지 못하고 주관적일 수 있습니다. 어떤 사람들은 의의 기준을 사회에서 통용되는 도덕률로 생각하기도 합니다. 도덕률과 개인적인 양심은 그 내용이나 잘못된 점이 서로 크게 다르지 않습니다. 그러나 양심이 개인적인 차원이라면, 도덕률이란 어떤 사회, 집단, 공동체에서 대체로 통용되는 것이라는 점이 다릅니다.

그런 것들이 의의 기준이 될 수 있을까요? 팔복이 말하는 의는 철저하게 하나님 중심입니다. 의의 기준은 인간이 아니고 하나님입니다. 하나님의 뜻, 하나님의 성품이 의의 기준입니다. 따라서 의란 그 기준이 되는 하나님의 뜻과 하나님의 성품에 온전히 일치되는 것을 말합니다. 이 점을 놓치면 우리는 팔복을 다 공부하고 나서도 기껏해야 도덕주의를 강화하는 정도에 그치고 말 것입니다. 여러분 중에 "목사님 말씀을 다 듣고 보니 정말 양심적으로 깨끗하게 살라는 말씀인 것 같습니다."라고 하신다면, 유감스럽지만 여러분은 틀렸습니다. 제가 지금까지 설명한 것은 그것이 아닙니다.

팔복은 하나님께서 우리 마음에 깨달음을 주시고, 우리 마음에서 역사하시고, 성령님께서 우리를 변화시켜서 하나님을 알게 하는 것입니다. 우리가 점점 하나님의 성품을 닮아가게 하시는 것입니다. 예를 들면, '마음이 청결한 자는 복이 있나니 저희가 하나님을 볼 것임이요'라는 주님의 말씀처럼, 거룩하신 하나님을 닮아서 죄와 악과 불의에서 온전히 떠나 참으로 깨끗하고 순결하고 순수한 사람이 되어갈 때, 우리는 하나님을 공감할 수 있습니다. 마음의 눈으로 하나님을 볼 수 있습니다. 여러분, 팔복은 의인이 되어가는 과정이며, 그 의는 하나님이 기준이 되는 것임을 잊지 마시기 바랍니다. 제 칠복은 그 점을 잘 보여주고 있습니다.

제 칠복
화평케 하는 자

제 칠복은 "화평케 하는 자는 복이 있나니 저희가 하나님의 아들이라 일컬음을 받을 것임이요."입니다. 화평케 하는 자는 하나님의 아들이라 일컬음을 받을 것이라고 주님께서 말씀하셨습니다. 물론 화평케 하는 자만 하나님의 아들이 되는 것은 아닙니다. 팔복 전체가 하나님의 아들의 모습입니다. 그러나 우리가 화평케 하는 것을 힘쓰는 이 단계에 오면, 비로소 사람들이 우리에게서 하나님의 모습을 보게 된다는 것입니다.

화평케 하는 자는 하나님을 닮은 자입니다

'하나님의 아들이라 일컬음을 받을 것임이요.'라는 표현에 여자 성도님들은 불만이 있을 수 있습니다. 왜 아들로 표현하신 걸까요? '하나님의 아들과 딸이라 일컬음을 받을 것임이요.'라고 표현하면 요즘 시대에 더 잘 어울릴 것 같습니다. 성경의 아들이라는 표현과 자녀라는 표현은 대체로 동의어지만 뉘앙스에서 차이가 있습니다. '자녀'라는 표현을 쓰지 않고 '아들'이라는 표현을 사용한 데는 이유가 있습니다. 아들이란 말은 여자가 아닌 남자라는 성적 구별을 하는 것이 아니고, '아버지를 닮았다'는 뜻을 내포하고 있습니다. "저희가 하나님의 아들이라 일컬음을 받을 것임이요"라고 주님께서 말씀하신 것에는 하나님을 닮은 자들이라는 뜻이 담겨져 있습니다. '아버지를 닮았다'는 것이 아들이란 말의 뜻입니다. 아버지의 속성을 아들도 가지고 있는 것입니다. 화평케 하는 자는 하나님을 닮은 자입니다. 하나님을 그대로 드러내는 자입니다. 왜 그렇습니까? 우리 하나님이 화평케 하시는 분이기 때문입니다.

세상은 얼마나 소란합니까? 여러분은 세상을 생각하실 때, 평화로운 느낌을 받으신 적이 있습니까? 저는 매일 습관처럼 뉴스를 봅니다. 그러나 제가 보는 뉴스의 거의 대부분은 분쟁 소식입니다. 국가 간에 다툼이 있고, 집단들 사이에 갈등이 있고, 개인 간에 싸움이 있습니다. 그래서 이러이러한 다툼 이야기가 끝나면, 뒤를 이어서 다시 누가 누구를 고소했다고 하는 새로운 다툼 이야기가 시작됩니다. 분쟁과 갈등과 싸움이 뉴스를 도배합니다. 그렇지 않습니까? 세상엔 평화가 없습니다. 사실 세상은 평화할 수가 없습니다. 평화의 주님께서 온전히 다스리시는 그 날이 오기까지 세상에는 평화가 없습니다. 이러한 세상에 하나님의 아들이며 하나님의 백성인 우리가 보냄을 받은 것입니다. 이 세상에서 우리가 해야 할 일은 화평케 하는 일입니다.

화평케 하는 일은 하나님의 통치를 선포하는 복음의 일입니다

어떻게 하는 것이 화평케 하는 일입니까? 싸우는 사람들을 말리며 사이좋게 지내라고 하고, 분위기를 긍정적으로 만들려고 노력하는 것일까요? 물론 그것도 포함됩니다. 그러나 그 정도 차원에 불과한 이야기가 아닙니다. 그리스도인은 평화의 사람이어야 합니다. 그리스도인이 있는 곳은 어디서나 갈등과 분쟁이 줄어들고, 평화로운 분위기가 형성되는 것이 옳습니다. 그러나 주님께서 우리에게 "너희가 분위기 메이커가 되어라. 너희가 어느 곳에든지 가면 그 곳 분위기를 밝게 하고 사람들 사이를 잘 조정해 주어라."라고 말씀하시는 것이 아닙니다. 화평케 하는 일은 우리 하나님께서 하시는 일을 본받는 일입니다. 결론적으로 말씀드리면, 하나님의 통치를 선포하는 것입니다. 하나님의 통치 안으로 사람들을 초대하는 것입니다. 복음의 일을 하는 것입니다. 복음의 일꾼이 되어 "하나님의 통치 안으로 들어오라."라고 사람들에게 권하는 것이 화평케 하는 것입니다. 하나님의 통치 안으로 들어오기까지는 사람들에게 참된 평화가 없을 것이기 때문입니다.

고린도후서 5장 19절에서 바울은 "이는 하나님께서 그리스도 안에 계시사, 세상을 자기와 화목하게 하시며, 저희의 죄를 저희에게 돌리지 아니하시고, 화목하게 하는 말씀을 우리에게 부탁하셨느니라."라고 말씀하시고 있습니다. 하나님께서 그리스도 안에서 세상을 그분 자신과 화목하게 하시고, 화목하게 하는 말씀을 사도들에게 부탁하셨습니다. 그래서 바울은 화목의 사신, 그리스도의 사신이 되어 화목의 말씀을 전파한다고 말하고 있는 것입니다. 이것은 사도들의 사역으로 그치는 것이 아닙니다. 사도들의 말을 듣고 화목하게 된 우리 역시 이 일에 동참해야 합니다. 우리도 하나님과 그 분의 화목케 하는 말씀의 사신이 되어야 합니다.

예수께서 이루신 평화

평화는 두 가지 차원을 가지고 있습니다. 첫 번째 차원은 하나님과 우리 사이의 평화입니다. 수직적 차원이고 근본적인 평화입니다. 이것이 이루어지지 않으면 두 번째 차원인 인간과 인간 사이의 수평적 평화가 이루어질 수 없습니다. 인간과 인간사이의 평화는 그것만 조절하려고 해서는 해결될 수 없습니다. 그보다 먼저 하나님과 화평을 이룰 때, 하나님과 화목할 때, 인간들 사이의 수평적 화평도 이루어질 수 있는 것입니다. 왜 화평케 하는 자는 '하나님의 아들'이라고 일컬음을 받는다고 주께서는 말씀하셨을까요? 그 이유는 하나님의 아들이신 우리 예수 그리스도께서 화평케 하시는 분이었기 때문입니다. 우리 주님이 바로 화평케 하시는 분입니다. 화평케 하는 자들은 주님과 같은 사역을 하고 있는 것이고, 따라서 우리 주님이 하나님의 아들이시듯 우리도 하나님의 아들이라 일컬음을 받게 되는 것입니다.

예수님께서 이 세상에 오셔서 십자가를 지시고, 그 십자가를 통하여 평화를 이루셨고, 그 평화는 수평적 차원과 수직적 차원을 다 포함합니다. 먼저 수평적 차원에 대해서 생각해 보겠습니다. 에베소서 2장 14절에서 바울은 "그는 우리의 화평이신지라. 둘로 하나를 만드사 중간에 막힌 담을 허시고"라고 말하고 있습니다. 이 중간에 막힌 담을 허시고 둘로 하나를 만든다는 말은 이방인과 유대인을 하나 되게 하셨다는 말입니다. 유대인과 이방인 사이를 막고 있는 담은 율법이었습니다. 율법에 의거해서 유대인들은 자신들이 할례를 받은 아브라함의 후손이고, 하나님의 언약 백성이라고 스스로를 구별했습니다. 이 말이 모두 틀린 것은 아닙니다. 그러나 이들은 율법의 정신을 오해해서 율법으로 자기들을 성별(聖別)한 후에 이방인들과 철저하게 담을 쌓았습니다.

율법에 따르면 이방인과 유대인은 하나가 될 수 없습니다. 유대인이 이방인에 대해서 갖고 있는 적대감은 상상을 초월합니다. 우리에게도 쓰라린 아픔의 역사가 있어서 일본을 향한 감정이 편치 않습니다. 그러나 유대인과 이방인 사이의 갈등은 그 정도에 그치지 않습니다. 유대인 랍비 중에는 "하나님이 왜 이방인을 만드셨는가? 지옥의 땔감으로 쓰시려고 만드셨다." 라는 글을 남긴 사람도 있습니다. 여러분은 이방인을 향한 유대인의 증오와 적대감을 상상할 수 있겠습니까? 이보다 더 잔인한 말을 할 수 있을까요? "하나님이 너를 왜 만드셨는지 알아? 지옥의 땔감으로 만드셨어!" 이 이상의 저주가 있을 수 있습니까? 유대인들이 이방인에 대해서 이런 마음을 품고 있었습니다. 유대인들은 자기들만 이방인을 미워한 것이 아니라 이방인에 의해서도 많은 미움을 받았습니다. 역사적으로 유대인만큼 많은 핍박을 받고 학살의 대상이었던 민족도 없을 것입니다. 주님께서 십자가로 그런 둘 사이의 적대감, 중간에 막힌 담을 허시고 둘을 하나로 만드셨습니다. 예수께서 율법의 저주를 다 받으셨습니다. 당신의 몸으로 하나님의 진노를 다 받으셨습니다. 율법을 어긴 자들에 대한 하나님의 진노를 예수님이 친히 받으시고 율법의 저주를 담당하심으로 율법을 완성하셨습니다. 율법이 모두 성취되었기 때문에 이제 율법은 없어졌습니다. 율법이 더는 우리를 구속하지 않게 되었습니다. 유대인과 이방인을 둘로 가르는 담이 없어진 것입니다. 그뿐이 아닙니다. 갈라디아서 3장 28절에 "유대인이나 헬라인이나 종이나 자주자나 남자나 여자 없이 다 그리스도 예수 안에서 하나이니라."라고 했습니다. "유대인이나 헬라인이나"는 인종간의 장벽을 말하는 표현입니다. "남자나 여자"는 성적인 구별이고, "종이나 자주자(自主者)"는 사회계층적인 차별입니다. 이것까지 주님께서는 모두 허셨습니다. 그리스도 안에 들어오면 누구든지 다 하나입니다. 이것이 주님께서 이루신 평화입니다. 주님께서는 이렇게 수평적인 평화를 이루셨습니다.

주님께서는 둘로 하나를 만드시고 우리를 한 몸이 되게 하셨습니다(엡 4:13). 한 몸이 된 우리가 함께 하나님께 나아갈 수 있게 해주셨습니다. 하나님과 우리 사이의 수직적인 평화와 인간과 인간 사이의 수평적인 평화를 십자가로 이루신 것입니다. 십자가는 두 막대기가 서로 교차되는 모습을 하고 있습니다. 이것은 우연이 아닙니다. 많은 신학자들도 그 점을 지적합니다. 수직으로 내려오는 막대기는 하나님과 우리 사이의 관계 회복을 의미하고, 수평으로 있는 막대는 인간과 인간 사이의 관계 회복을 의미합니다. 이 두 막대기가 교차하는 자리에서 예수님의 심장이 터졌다는 다소 감상적인 표현을 하는 신학자도 있었습니다. 주님께서는 십자가에서 당신의 몸의 찢기심을 통하여 우리를 하나 되게 하셨습니다. 이것이 화평케 하는 일입니다.

화평케 하는 일은 사람들이 싸우는 데 가서 말리고 중재하는 정도가 아닙니다. 하나님과의 관계에서 화목하라고 전하는 것이 진실로 근본적인 평화를 이루는 일입니다. 그리스도 안에서 하나님과 하나가 될 때, 하나님과 화목해진 자들 안에서 진정한 화평이 이루어질 수 있습니다. 따라서 '화평케 하는 자는 복이 있나니'라는 말씀은 복음의 일꾼이 되라는 말씀입니다. 하나님의 통치를 선포하라는 것입니다. 하나님의 다스림을 받는 백성이 되라는 초청입니다. 사람들에게 권면하고 복음을 전하는 것입니다. 그것이 화평케 하는 일입니다.

평화의 사도, 성 프란체스코

"화평케 하는 자는 복이 있나니 저희가 하나님의 아들이라 일컬음을 받을 것임이요." 이것을 잘 설명하는 역사적으로 유명한 예가 있습니다. 그것은 성 프란체스코에 관한 이야기입니다. 여러분 중에도 아시는 분이 많이 있을 것입니다. 성 프란체스코라는 중세의 유명한 성인(聖人)이 있었습니다. 이 성 프란체스코에 대해서는 많은 이야기가 전설처럼 전해오기 때문에 그 중에 어디까지가 진짜이고, 어디까지가 가공된 얘기인지는 알기 어렵습니다. 그러나 그토록 많은 감동적인 일화들이 전해져 내려온다는 것은 설령 그것들이 만들어진 이야기라 할지라도 성 프란체스코가 얼마나 훌륭한 분이었는지를 보여줍니다. 그 분의 영향력과 감화력, 그 분의 사랑의 힘이 무척 커서, 그것을 경험했던 사람들은 성 프란체스코를 잊을 수가 없었습니다. 그는 짐승들과 이야기했을 정도로 감화력이 뛰어났다고 합니다. 이것은 흡사 낙원 같지 않습니까? 아담이 범죄하기 전에 에덴동산에서 모든 짐승을 다스렸습니다. 그 때는 모든 짐승이 아담에게 순한 양 같았습니다. 성 프란체스코와 짐승들의 관계가 그러했던 것입니다. 그런데 성 프란체스코가 처음부터 화평하고 온유한 사람이었던 것은 아닙니다. 성격이 불같았고 반항적인 사람이었습니다. 젊었을 때 프란체스코는 매우 방탕했습니다. 아버지하고 자주 부딪쳤습니다. 하루는 아버지가 프란체스코의 실망스런 모습에 화가 나서 야단을 쳤더니, 프란체스코는 아버지 앞에서 자기 몸에 실오라기 하나 남기지 않고 옷을 다 벗어 던졌습니다. 그러고는 "나는 더는 아버지의 아들이 아니고 아버지의 것은 아무것도 갖지 않겠습니다."라고 선언하고 집을 나가버렸습니다. 프란체스코는 그토록 성격이 불같은 젊은이였습니다. 그런 프란체스코가 주님의 사랑에 사로잡히자 평화의 사도가 되었습니다. 성 프란체스코가 남긴 유명한 기도문이 있습니다. '평화의 기도'라는 것입니다. 여러분에게 읽어 드리겠습니다.

"주여, 나를 당신의 평화의 도구로 삼아 주시옵소서. 미움이 있는 곳에는 사랑을 심고, 상처가 있는 곳에는 용서를 심으며, 의심이 있는 곳에는 믿음을, 절망이 있는 곳에는 희망을, 어둠이 있는 곳에는 빛을, 그리고 슬픔이 있는 곳에는 기쁨을 심게 하소서. 거룩한 주님, 제가 위로받기보다는 위로하고, 이해받기보다는 이해하고, 사랑받기보다는 사랑하게 하소서. 우리는 줌으로써 받고, 용서함으로써 용서 받으며, 죽음으로써 영원한 생명으로 태어나기 때문입니다."

여러분 감동되지 않습니까? 아름답지 않습니까? 우리도 "한 번 사는 짧은 인생, 안락함을 추구하면서 편하게 살고 싶다"라고 말하지 말고, "나도 평화의 일꾼이 되고 싶다. 나도 이런 삶을 살고 싶다"라고 해야 하지 않을까요? 이것이 우리의 소원이어야 하지 않겠습니까?

"위로받기 보다는 위로하고" 우리는 위로받고 싶어 하고 누가 나를 위로해 주기를 바랍니다. 그러나 성 프란체스코는 위로받기보다는 위로하기를 원합니다. "이해받기보다는 이해하고" 우리는 모두 "나를 좀 이해해 주세요!"라고 탄원하기를 잘하지 않습니까? 하지만 프란체스코는 이해받기보다는 이해하며, 사랑받기보다는 사랑하게 해달라고 기도합니다. 어떻게 이런 삶이 가능할까요? 성 프란체스코의 가장 두드러진 특징은 자기중심성에서 벗어난 사람이라는 것입니다. 20세기 영국의 역사가 아놀드 토인비는 자기가 아는 한 인류 역사상 가장 위대한 사랑의 사람이 성 프란체스코이고, 사랑에 있어서 자기중심성에서 가장 많이 해방된 사람이 성 프란체스코라고 말했습니다. 저는 토인비의 말에 동의하지는 않습니다. 프란체스코에게 물어 보십시오. 당신이 그렇게 평화의 사람으로 살수 있었던 비결이 무엇이냐고 말입니다. 프란체스코는 분명히 "주님, 우리 주 예수 그리스도입니다!"라고 대답할 것입니다. 프란체스코는 예수님을 많이 닮은 사람이었습니다. 그래서 토인비가 그렇게까지 칭찬했던 것입니다.

온유한 자가 화평케 하는 자가 될 수 있습니다

어떻게 자기중심성에서 벗어나서 이해받기보다는 이해하며, 위로받기보다는 위로하며, 사랑받기보다는 사랑하는 마음으로 살아갈 수 있을까요? 저는 어제 제 일복부터 제 사복이 제 오복부터 제 팔복에 다시 반복되고, 제 일복이 제 오복과, 제 이복이 제 육복과 연결된다고 말씀드렸습니다. 화평케 하는 자는 제 칠복이고, 이 복에 바탕이 되는 복은 제 삼복인 온유한 자의 복입니다. 누가 화평의 일꾼이 될 수 있고, 누가 화평케 하는 일을 할 수 있는가, 라는 질문에 대한 대답이 온유한 자가 되는 것이라는 겁니다. 온유한 자가 될 때 화평케 하는 일을 할 수 있습니다. 온유한 자는 심령이 가난해지고 애통함을 통해서 자아가 처리된 사람입니다. 자기 의를 다 내려놓고, 자신의 가짜 의가 아무것도 아님을 하나님 앞에 깨닫고, 자기를 부인하고 자아를 처리한 사람입니다. 자기를 절제함으로써 타인을 받아들일 수 있는 마음의 여유를 가진 사람입니다. 누가 공격해 와도 되받아치거나 공격하지 않는 사람, 참으로 자아가 깨어진 사람이 온유한 사람입니다. 온유한 사람이 될 때에만 우리는 화평케 하는 자가 될 수 있습니다.

세상에는 화평을 이야기하는 사람이 참 많습니다. 국가와 국가 간에, 분쟁 지역 간에 평화협정을 맺자는 제안이나 이벤트가 있습니다. 그러나 그런 것들이 오래 지속될 것이라고 믿는 이들은 많지 않습니다. 어느 날 이스라엘의 총리와 중동 국가 중의 어느 유력한 대통령이 평화협정을 맺었다고 하여도,

우리는 중동지역의 불화가 종식되리라고 믿지는 않습니다. 일시적이고 잠정적인 것일 뿐입니다. 왜 그렇습니까? 아무도 자기 유익과 권리를 포기하려고 하지 않기 때문입니다. 모두가 다 자국의 이익만 지키려고 합니다. 자기만 지키려고 하는 사람들 사이에 어떻게 평화가 있을 수 있습니까? 온유하지 않은데 어떻게 화평의 일꾼이 될 수 있겠습니까? 진정으로 교회를 평화로 이끌고 싶다면 먼저 온유한 사람이 되어야 합니다. 자기가 온유하지 않으면서 평화를 이루어야 한다고 주장하며 싸우는 것을 봅니다. 우리는 먼저 온유한 자가 되어야 합니다. 진정으로 온유한 자가 되어야 화평케 하는 자가 될 수 있습니다. 그것이 하나님의 아들의 모습입니다.

화평케 하는 자는 핍박을 받습니다

제가 성 프란체스코의 기도문을 읽어 드리면서 "여러분, 감동되지요?" "여러분도 그렇게 되고 싶지요?"라고 질문했을 때, 아마 여러분은 마음으로 모두 그렇게 되고 싶다고 끄덕였을 것입니다. 저도 그렇게 되고 싶습니다. 그래서 저는 화평케 하는 화평의 일꾼이 되는 상상을 가끔 합니다. 제가 정말 나를 부인합니다. 제가 정말 온유한 사람이 됩니다. 전혀 자아가 없는, 그래서 누구든지 저를 보고 "저 사람은 자기가 없는 것 같아"라고 칭찬하는 아름다운 제 모습을 상상하며 감동을 받습니다. 그런 제가 화평케 하는 일을 합니다. 그러면서 제 상상은 어디로 가는지 아십니까? 사람들이 저를 칭찬하고 존경해 주는 그림입니다. 어디를 가든지 환영받고, 사람들은 저에게 감동받고 저를 칭찬하고 칭송합니다. 제 자아가 시퍼렇게 살아 있는 모습을 적나라하게 보여주는 상상입니다. 여러분이 화평케 하는 일을 할 때, 주변사람들이 박수쳐 주고 칭찬해 주고 지지해 주면, 신이 나서 화평케 하는 일을 할 것입니다. 그러나 화평케 하는 자가 주위의 지지를 못 받는 경우가 많습니다. 화평케 하는 일을 하는 사람은 주변 사람들에게 칭찬을 받기 어렵습니다. 그들이 멀리 떨어져 있을 때는 칭찬받습니다. 마더 테레사가 인도 캘커타라는 아주 먼 곳에 있기 때문에 박수를 보낼 수 있는 것입니다. 의인이 옆에 있으면 그렇게 불편할 수가 없습니다. 의인이 옆에 있으면 우리는 죄인이 되기 때문입니다. 그 사람이 하는 말 한 마디 한 마디가 모두 우리 자신에 대한 정죄가 됩니다. 그 사람은 정죄하지 않지만 우리는 스스로 그것을 느낍니다. 그래서 우리는 가까이 있는 의인을 좋아하지 않습니다. 우리는 멀리 있는 의인에게는 감동하고 박수를 보내지만, 옆에 있는 의인은 가시처럼 불편해합니다. 그래서 누군가 화평케 하고자 할 때 핍박을 받게 됩니다. 이것이 실상입니다.

제 팔복
의를 위하여 핍박을 받은 자

우리가 화평케 하는 일을 하고자 할 때, 다른 사람들이 우리에게 박수쳐 주고 지지해 주고 칭찬해 주는 것이 아니고, 오히려 우리를 반대하고 대적하고 심지어는 핍박합니다. 그래서 제 칠복은 제 팔복으로 이어집니다. "화평케 하는 자는 복이 있나니 저희가 하나님의 아들이라 일컬음을 받을 것임이요."에서 "의를 위하여 핍박을 받은 자는 복이 있나니 천국이 저희 것임이라."로 이어지는 것입니다.

핍박받는 것은 참된 하나님의 종들의 반열에 선 것입니다

화평케 하는 자의 원형(原型)이자 주인공은 예수님입니다. 예수님은 하나님의 아들입니다. 예수님은 십자가에 못 박히심으로써 화평케 하는 일을 하셨습니다. 사람들의 증오와 반대와 온갖 공격과 비난을 자신의 몸에 받으심으로써 화평케 하는 일을 하신 것입니다. 예수님께서 설교하시면 듣는 사람들이 모두 감동하고, 그 설교 한 마디 한 마디에 변화되어 따르는 무리가 많아지고, 그 결과 세상이 새로워진다면 무척 좋을 것입니다. 그러나 마지막에 예수님은 몇몇 제자를 제외하고는 모두에게 버림을 받았습니다. 예수님은 십자가에서 깨지셨고, 십자가에 못 박혀 돌아가셨습니다. 그것이 화평케 하는 일을 하는 사람이 당하는 최종의 운명이었습니다. 의를 위하여 핍박을 받으신 것입니다.

　의인은 핍박을 받습니다. 그렇지 않다면 너도 나도 모두 의인이 되려고 할 것입니다. 주님께서는 "의를 위하여 핍박을 받은 자는 복이 있나니"라고 말씀 하신 후에 곧 이어서 "기뻐하고 즐거워하라. 하늘에서 너희의 상이 큼이라. 너희 전에 있던 선지자들을 이같이 핍박하였느니라."라고 하셨습니다. 우리가 의를 추구할 때, 화평케 하는 일을 하고자 할 때 핍박을 받습니다. 그런데 주님께서는 그 핍박을 즐거워하라고 하십니다. 핍박 받는 일을 감사하고 기뻐하라고 하십니다. 왜 그렇습니까? 우리가 핍박받는 것은 우리가 정말 참된 하나님의 종들의 반열에 섰다는 것을 의미하기 때문입니다. 우리 앞의 참된 하나님의 종들, 선지자들도 핍박받는 길을 갔기 때문입니다.

눈물의 선지자, 예레미야

여러분, 선지자 예레미야를 아십니까? 예레미야는 스무 살 정도에 부르심을 받았습니다. 새파랗게 젊은 나이에 부르심을 받았습니다. 저는 이제 거의 오십이 되었는데, 오십이 된 저도 아직 성숙하다고 생각하지 않습니다. 그런데 예레미야는 스무 살이라는 어린 나이에 하나님의 부르심을 받고 선지자가 되었습니다. 예레미야는 평생 하나님의 말씀을 전하는 삶을 살았습니다. 예레미야가 전한 말씀의 내용은 희망적인 것이 아니었습니다. 그것은 너무나 어둡고 무겁고 심각했습니다. 그가 전한 예언은 "심판이 임하고 있다. 유다와 예루살렘에 대해서 하나님의 심판이 임하고 있다. 북쪽에서 바벨론이 쳐들어 올 것이다. 바벨론에 의해서 유다가 멸망하고 예루살렘이 초토화될 것이다. 너희들이 자랑하는 성전도 다 무너질 것이다."라는 내용이었습니다.

예레미야는 두 가지 이유로 힘이 들었습니다. 첫째는 예레미야에게는 자기가 전하는 메시지 자체가 괴로움이었습니다. 하나님께서 주셨기 때문에 그 말씀을 전했지만, 예레미야는 그 말을 전하고 싶지는 않았을 것입니다. 자기 동족을 향해서 멸망할 것이라는 메시지를 전하기 좋아하는 사람이 어디 있겠습니까? 예레미야보다 조금 앞선 선지자들은 그나마 다행히 이렇게 외칠 수 있었습니다. "재앙이 임한다. 하나님께서 진노하고 계신다. 그러나 지금이라도 너희가 회개하면 늦지 않다. 회개하고 돌이키면 하나님께서 용서해 주시고 구원해 주실 것이다." 그러나 예레미야 시대에는 너무 늦었습니다. 지금이라도 회개하고 돌아오라는 것이 아니었습니다. 이제는 회개해도 안된다, 너무 늦었다고 말해야 했습니다. 그래서 예레미야는 바벨론이 쳐들어오면 반항하지 말고 항복하고 끌려가라고 했습니다. 포로로 끌려가서 거기서 살다가 칠십 년이 지나면 하나님께서 본토로 돌아오게 하실 것이니 바벨론에게 저항하지 말라고 했습니다.

그 당시 예루살렘에는 어용 선지자들도 있었습니다. 이들은 굉장히 애국적이고 믿음이 있는 듯한 예언을 했습니다. 그들은 "하나님께서 우리를 지켜 주실 것이다. 여기에 성전이 있지 않는가? 여기 하나님의 전이 있는데 어떻게 이방인들이 거룩한 성 예루살렘에 쳐들어 올 수 있단 말인가? 그들은 곧 물러갈 것이다. 이 위협은 곧 사라질 것이다."라고 예언했습니다. 얼마나 믿음이 있는 듯한 발언입니까? 얼마나 애국적입니까?

반대로 예레미야는 "멸망한다. 대적하지 말라. 항복하라. 포로로 끌려가라."라고 말하니 백성들에게 핍박을 받고 반대에 부딪힐 수밖에 없었습니다. 그래서 예레미야는 자기가 전하는 메시지 자체도 괴로웠고, 동족으로부터 받은 핍박과 반대도 괴로웠습니다.

삶이 얼마나 힘이 들었던지 예레미야는 "내가 다시는 주의 이름으로 말하지 아니하리라 하면 내 중심이 불붙는 것 같아서 내가 견딜 수 없나이다."라고 토로할 정도였습니다. "나, 선지자 안 해요."라고 한 것입니다. "내가 다시는 하나님의 이름으로 예언하지 않겠습니다. 말씀 전하지 않겠습니다. 너무 괴롭습니다." 그래서 예레미야가 입을 다물고 있었는데, 중심이 불붙는 것 같아서 견딜 수 없었다고 말하고 있는 것입니다.

의에 주리고 목마르기 때문에 핍박을 견딥니다

의를 위하여 핍박을 받을 수 있는 비결은 무엇입니까? 핍박이 두렵지 않은 사람은 없을 것입니다. 핍박이 임하면 모두 꼬리를 내리고 도망갈 것입니다. 그런데 의를 위하여 끝까지 핍박을 받을 수밖에 없습니다. 왜 그럴까요? 제 사복이 그 답을 가르쳐 줍니다. 의에 주리고 목마르기 때문입니다. 일시적으로 우리는 겁을 먹습니다. 일시적으로 도망을 갑니다. 그러나 우리 마음 깊은 곳에서 '도망가서는 안 된다. 피해서는 안 된다. 내가 힘들고 어려워도 이 길을 가야 한다.'라고 우리 마음을 사로잡는 어떤 음성이 있습니다. 의에 주리고 목마른 마음, 예레미야의 경우에 "내 중심이 불붙는 것 같아서 내가 견딜 수 없나이다."라고 했던 그 마음이 있습니다. 그래서 예레미야는 평생 울면서 살았습니다. 예레미야의 별명이 '눈물의 선지자'였습니다. 저는 눈물의 선지자 예레미야를 참 좋아합니다. 제 마음에 허영이 생길 때마다 예레미야를 생각합니다. 목회를 시작할 무렵엔 제가 목회를 잘할 것이라고 생각했습니다. 하지만 무척 힘들었습니다. '목회란 함부로 뛰어들 일이 아니구나'라는 생각을 수없이 했습니다. 저는 제 능력이 부족한 것을 절감했습니다. 스스로 감당할 수 없다는 생각이 들 때마다 예레미야를 생각했습니다. '예레미야가 있지 않는가?'라며 위로를 받곤 했습니다. 사역이 잘 되고 열매가 풍성해지고 잘 나가는 목회자가 되는 것이 꿈이었는데, 뚜껑을 열어 보니 그게 아니었습니다. 눈물의 골짜기가 내 앞에 기다리고 있었습니다. 솔직히 이럴 줄 알았으면 뛰어들지 않았을 것이라고 생각했습니다. 이럴 줄 알았다면 시작도 안했을 것입니다. '내가 잘못 선택한 것은 아닐까? 하나님께서 나를 부르시지 않았는데 내가 뛰어든 것은 아닐까?'라고 심각하게 소명 자체에 대해서 의구심을 품기도 했습니다. 그러나 저 역시 똑같은 결론에 도달할 수밖에 없었습니다. '힘들어도 갈 수밖에 없다.'라고 말입니다. 저에게는 다른 길이 없었습니다. 주님께서 제 마음을 사로잡고 계셨기 때문입니다.

예레미야는 평생 울면서 이런 고백을 합니다. "어떻게 하면 내 머리는 물이 되고, 내 눈은 눈물 근원이 될꼬. 그렇다면 고통받는 딸 시온을 위하여 주야로 곡읍 할 텐데. 주야로 애곡 할 텐데." 예레미야는 울고 싶은 것입니다. 그의 동족이 처한 너무나 비극적인 상황에 대해서 자기의 머리가 물이 되고 눈이 눈물 근원이 되어서 밤낮으로 통곡하고 싶다는 것이 예레미야의 심정이었습니다. 여러분, 선지자의 길을 가는 것은 얼마나 멋있는 일입니까? 가끔 기적도 행하고, 하나님의 이름으로 말씀을 선포하면 영적 권위와 당당함과 감화력에 사람들이 자빠지고 울고 회개하는 역사가 일어나는 일이 얼마나 좋습니까? 그러나 선지자들이 외친다고 사람들이 늘 회개합니까? 도리어 하나님의 말씀을 전하면 사람들은 그 선지자를 죽이려고 하지 않았습니까? 그 길이 예레미야가 간 길입니다.

화평케 하는 일을 하겠다고요? 의를 추구하며 살겠다고요? 무엇이 여러분을 반겨줄 것이라고 생각하십니까? 무엇이 여러분을 기다리고 있을 것이라고 생각하십니까? 사람들의 박수갈채와 환호가 여러분을 기다리고 있을 거라고 생각하십니까? 만약에 여러분이 그런 대접을 받았다면, 여러분은 선지자의 길을 간 것이 아닙니다. 우리에게 핍박이 임할 때, 사람들이 반대하고 대적할 때, 오히려 그것이 기쁨의 이유가 되는 사람이 진정한 선지자입니다. '아 이제 내가 하나님의 백성이구나. 이제 내가 주님을 위하여 핍박을 받고 있구나.'라며 기뻐합니다. 주님께서 "너희 앞서 선지자들이 그와 같이 핍박을 받았느니라."라고 하셨기 때문입니다. 그래서 우리는 의를 위하여 핍박받는 자리에까지 나아가게 됩니다. 우리가 용감하거나 담대해서 그런 것이 절대 아닙니다. 베드로가 예수님을 세 번 부인한 겁쟁이라고들 하지만, 우리는 매일 부인하며 사는 형편없는 겁쟁이입니다. 우리는 용기가 없습니다. 우리라면 벌써 도망가고 내뺐을 것입니다. 그러나 후들거리면서도 그 자리에 머물게 하는 어떤 힘이 있습니다. 도망가고 싶은데, 그 마음과 싸우면서 '여기 머물러야 한다. 내가 끝까지 주님께 순종해야 한다.'라고 우리를 지켜주는 어떤 힘이 있습니다. 우리 속에서 역사하는 성령의 힘입니다. 의에 주리고 목마른 마음입니다. 너무 의에 주리고 목마르기 때문에, 주님의 뜻에 순종해야겠다는 마음이 우리 안에 절절하기 때문에 달리 선택할 수 없는 것입니다.

의에 주리고 목말랐던 마틴 루터

종교 개혁을 일으킨 독일의 신학자 마틴 루터를 아십니까? 그 루터가 보름스에서 청문회를 당했습니다. 로마 교황청에서

파송된 사람들이 루터의 책을 책상 위에 산더미처럼 쌓아 놓고 루터를 심문했습니다. "이 글이 모두 네가 쓴 것이냐?" "맞습니다. 제가 쓴 것입니다." "네가 지금까지 했던 말과 이 글들을 철회할 용의가 있는가? 네가 지금이라도 이 모든 말이 잘못됐다고 취소하면 살 것이다. 용서 받을 것이다. 그러나 네가 철회하지 않는다면 그 결과에 대해서 우리는 책임질 수 없다." 이런 위협을 받은 루터는 하루만 생각할 시간을 달라고 대답했습니다. 그날 밤 루터는 고민했습니다. 루터가 겁이 나서 '야, 이거 내가 이제 죽겠구나.' 그랬던 것은 아니었습니다. 루터는 '다른 사람이 다 틀리고 나만 옳다고 말할 수 있을까?'에 대해서 고민했습니다. '어떻게 이렇게 수많은 사람들이, 교황청과 제후와 추기경과 많은 성직자들이 나를 반대할까?' 그래서 루터는 고민하고 또 고민했던 것입니다. 그 다음날 루터는 다시 청문회에 나섰습니다. "이제 준비되었는가? 네 대답을 듣고 싶다. 말하라." 루터가 이렇게 말했습니다. "성경으로 내가 분명히 잘못한 것을 밝혀 주십시오. 그렇지 않다면 아무것도 철회할 수 없습니다. 왜냐하면 내 양심이 하나님의 말씀에 사로잡혀 있기 때문입니다." 루터는 자기 양심이 하나님의 말씀에 사로잡혀 있기 때문에 달리 어쩔 수 없다고 말했습니다. "나는 다르게 할 수 없습니다." 이것은 너무 중요한 말이 아닙니까? 우리는 다르게 말할 수 없습니다. 아무리 핍박이 오고 어려움이 오고 박해가 온다 할지라도, 우리는 다르게 할 수가 없습니다. 끝까지 의의 길을 갈 수밖에 없습니다. 왜 그렇습니까? 우리 마음이, 우리 양심이 하나님의 말씀에 사로잡혀 있기 때문입니다. 의에 주리고 목마르기 때문입니다. 이것은 하나님께서 하시는 일입니다. 하나님께서 우리 안에 일으키시는 변화입니다. 주님께서 우리를 사로잡고 계시기 때문에 가능한 일입니다. 이것이 제 팔복입니다. 의에 주리고 목마르기 때문에 기꺼이 의를 위하여 핍박받는 자리에까지 나아가는 것입니다.

팔복의 사람, 스데반

스데반의 이야기를 좀 해야 되겠습니다. 스데반은 기독교 최초의 순교자입니다. 스데반은 일곱 집사 중의 하나였습니다. 스데반은 예루살렘에서 최초로 구제를 담당하는 일곱 집사 중의 하나로 뽑혔는데, 지혜와 권능이 충만한 사람이었습니다. 스데반이 성령 충만하고 말씀의 지혜가 있었기 때문에, 그가 복음을 증거 할 때 바리새인이나 유대인 지도자들이 말로는 그를 당할 수가 없었습니다. 유대인들은 스데반을 돌로 쳐 죽이려고 했습니다. 그 때 스데반이 마지막으로 설교를 합니다. 그 설교의 내용이 사도행전 7장에 나옵니다. 스데반의 설교의 핵심요지는 "하나님께서는 더 이상 이 성전에 계시지 않는다. 하나님은 손으로 지은 성전에 계시는 분이 아니다."라는 것입니다. 스데반은 유대교에서 생명처럼 소중히 여기는 성전을 건드렸습니다. 그것은 마치 유대인들의 눈동자를 찌른 것과 같았습니다. 유대인들에게 있어서 성전과 제사제도는 자신들의 존재 근거였습니다. 스데반의 설교는 그것을 송두리째 흔드는 것이었습니다. 왜 성전에 하나님께서 더 이상 계시지 않습니까? 이제는 진짜 성전 되신 예수님께서 오셨기 때문입니다. 스데반은 손으로 지은 성전에서 짐승 제사를 통하여 하나님께 나아가고 하나님을 만나는 것이 아니고 이제 예수 그리스도를 통해서 하나님을 만나는 것이 복음이라고 외쳤습니다. 그러자 사람들이 스데반을 보고 분히 여겨 이를 갈았습니다. 얼마나 화가 났으면 이를 부드득 부드득 갈았겠습니까? 그들은 "이런 놈은 살려둘 수 없다. 이런 놈은 그냥 둘 수 없다. 없이 하자."라고 하며 스데반을 돌로 쳐 죽였습니다.

스데반이 돌로 맞을 때 하늘이 열리고 환상이 보였습니다. 주님의 모습이 보였습니다. 주님께서 하나님 우편에 서 계셨습니다. 여러분은 '하나님 우편에 서 계셨다'는 이 표현에 주목하셔야 합니다. 지금 주님께서는 하나님 우편에 앉아 계십니다. '앉아 계신다'는 것은 상당히 중요한 신학적 의미가 있습니다. 히브리서 저자는 주님께서 당신의 모든 사역, 당신의 모든 일을 다 마치셨기 때문에 이제는 앉아서 안식하고 계시다고 했습니다. 주님 자신이 십자가에서 "다 이루었도다."라고 말씀하셨듯이 주님의 구속 사역이 끝났기 때문에, 이제 주님은 앉아 계셔야 되는 분입니다. 그런데 그 주님께서 왜 서 계셨을까요? 주님께서는 앉아 계시다가 스데반을 보시고 일어서셨던 것입니다. 당신의 종이 돌에 맞아 죽고 있는 현장을 보면서 "스데반아, 힘내라!"고 격려하시기 위해서 일어서셨던 것입니다.

마음이 청결한 자는 하나님을 본다고 했는데, 스데반은 정말 그런 사람이었습니다. 스데반은 주님을 보았습니다. 그가 "내가 주님을 본다."라고 말하니 유대인들은 더욱 심하게 돌로 쳤습니다. 스데반은 "주여 저들의 죄를 저들에게 돌리지 마옵소서."라는 말을 하고 죽었습니다. 이것은 어디서 많이 들어본 말입니다. 바로 우리 주님께서 십자가에서 하신 말씀입니다. 주님께서는 "아버지여 저들의 죄를 용서하여 주시옵소서. 저들이 자기들의 하는 일을 알지 못하나이다."라고 하셨습니다. 스데반은 너무 너무 예수님을 닮았습니다. 저는 성경의 이 부분을 묵상하면서 스데반이 한을 품은 채 죽지 않았다는 것을 알게 되었습니다.

제가 스데반이었다면 어떻게 했을지 생각해 봅니다. 돌에 맞아 죽기까지 주님의 제자로 살고 의를 추구하는 스데반의 모습에 매료되어 돌에 맞는 것은 아프겠지만 스데반처럼 되고 싶다는 마음이 제게 있습니다. 그런데 제가 스데반이라면 주님께 이렇게 호소할 것입니다. "주여 이 일을 결코 잊지 마옵소서. 저의 억울함을 기억하여 주옵소서." 그렇지 않습니까? 제가 무슨 잘못을 했습니까? 제가 자기들에게 복음을 증거 했는데, 제가 얼마나 성령 충만하게 모든 일을 행했는데, 저를 돌로 치고, 저를 향해서 이를 갈고 분히 여깁니다. 그럴 때, 저는 아마 "주님, 제가 억울하게 죽습니다. 주님은 저의 억울함을 아시지요. 원통함을 풀어 주세요."라고 기도하면서 죽었을 것입니다. 하지만 스데반은 그렇게 하지 않았습니다. 스데반은 자기를 돌로 치는 무리에게 조금도 원망이 없었습니다. 조금도 미움이 없었습니다. 다만 그들을 불쌍히 여겼을 뿐입니다. 팔복이 이루어졌습니다. 스데반이라는 한 인물을 보십시오. 팔복이 이루어지지 않았습니까? 온유한 사람이었습니다. 자기를 정말 부인한 사람이었습니다. 자기가 없으니까 남이 자기를 공격해 와도 대적하지 않는 것입니다. 스데반은 보복하지도 반격하지도 않았습니다. 그는 온유한 사람입니다. 스데반은 청결한 사람이었습니다. 주님을 보았습니다. 스데반은 자기를 돌로 치는 사람들을 긍휼히 여겼습니다. 스데반은 화평케 하는 사람입니다. 스데반은 의를 위하여 핍박받은 사람입니다.

팔복은 주님께서 우리를 변화시키는 주님의 일입니다

여러분 팔복이 불가능하다고 생각하지 마십시오. 팔복의 내용이 너무 높고 고상하고 좋은 이야기라서 우리는 도저히 이룰 수 없는 꿈같은 이야기라고 생각하지 마십시오. 맞습니다. 우리 자신의 힘으로는 그런 수준입니다. 우리가 어떻게 여기에 도달할 수 있습니까? 그러나 스데반이 태어나면서부터 착한 사람이었던 것은 아닙니다. 스데반 역시 죄인이었습니다. 스데반 역시 우리와 똑같은 사람입니다. 그러한 스데반을 변화시켜서 이런 거룩한 자리에 이르게 하신 분은 우리 주님이십니다. 당신이 그렇게 순교하면서도 용서한 비결이 무엇이냐고 스데반에게 물어 보십시오. 스데반은 "나는 죄인입니다. 모든 것은 하나님의 은혜입니다. 주님께서 하셨습니다."라고 대답할 것입니다. 바울에게 물어 보십시오. "나의 나 된 것은 오직 하나님의 은혜라."라고 대답할 것입니다. 프란체스코에게 물어 보십시오. 백퍼센트 영광을 주님께 돌릴 것입니다. 주님께서 하신 일입니다. 하나님께서 하신 일입니다. 성령께서 하신 일입니다. 우리를 변화시키는 주님의 작품이고 주님의 작업입니다. 이건 주님의 일입니다.

팔복이 또 다른 율법이 되어서 "너희는 이렇게 되어야 한다"라고 주님께서 요구하셨다면, 우리가 도저히 도달할 수 없는 율법 중의 가장 어려운 율법이 되었을 것입니다. 그러나 팔복이 복음인 것은 "이것은 주님께서 너희를 만들어가는 모습이다. 주님께서 명예를 걸고, 영광을 걸고, 너희를 거룩하고 흠이 없는 하나님의 백성으로 만들어 주시겠다"라는 하나님의 약속이기 때문입니다. 그래서 이것이 복음입니다.

참된 복 : 거룩하고 흠이 없는 하나님의 자녀

네 번에 걸쳐서 팔복을 여러분에게 설교했는데 마지막으로 복에 대해서 한 말씀하고 팔복을 마치려고 합니다. 에베소서 1장 3절에 "찬송하리로다. 하나님 곧 우리 주 예수 그리스도의 아버지께서 그리스도 안에서 하늘에 속한 모든 신령한 복으로 우리에게 복 주시되" 라는 말씀이 있습니다. 여러분, 우리가 그리스도 안에 있으면 우리는 이미 모든 신령한 복을 받았습니다. 여러분, 이 점을 기억하시기 바랍니다. 그리고 신령한 복의 내용은 무엇입니까? "곧 창세전에 그리스도 안에서 우리를 택하사 그 앞에 거룩하고 흠이 없게 하시려고 그 기쁘신 뜻대로 우리를 예정하사 자기의 아들들이 되게 하셨다"는 것입니다. 신령한 복은 다름이 아니고 구원의 복입니다. 이 구원의 복은 하나님의 아들들이 되는 것인데, 거룩하고 흠이 없는 하나님의 자녀가 되는 것입니다. '거룩하고 흠이 없는 하나님의 자녀', 이것이 주님께서 우리에게 주시는 복입니다.

여러분, 복은 여러 가지가 아닙니다. 오늘날 복에 대한 오해가 많습니다. "복에는 재물의 복, 물질의 복, 건강의 복이 있고, 사람 잘 만나는 인복이 있고, 또 다른 복도 많은데, 이 모든 복을 다 받으시기 바랍니다."라고 부흥사가 외치면, 앞 다투어서 "아멘" 하면 안 됩니다. 이런 것은 참된 신앙도 아니고 기독교도 아닙니다. 이미 우리는 복을 다 받았습니다. 더는 복달라고 하지 마십시오. 왜 그렇게 여러분은 가난하십니까? 왜 그렇게 여러분은 궁핍하십니까? 하나님께서 우리 아버지시고, 하나님께서 하늘에 속한 모든 신령한 복을 다 주셨는데, 무슨 복이 그렇게 부족해서 복, 복 하십니까? 복은 건강, 장수, 부귀, 영화가 아닙니다. 하나님 나라에 가서 A집사보다 더 높은 자리 차지하는 그것도 아닙니다. 그것들은 전부 다 잘못된 것입니다.

복은 예수님을 닮는 것입니다. 거룩하고 흠이 없는 하나님의 백성이 되는 것입니다. 하나님께서 그 복을 우리에게 주시기 위해서 우리 삶의 모든 것을 주관하십니다. 여러분, 이런 사람이 있다고 한번 생각해 보십시오. 이 예화는 특정한 사람을 예로 든 것이 아니라, 교회의 일반적인 한 단면을 묘사하는 것입니다. 어떤 사람이 있습니다. 그 사람의 어머니가 아주 믿음이 좋은 권사님입니다. 새벽기도마다 너무나 열심히 아들을 위해서 기도합니다. 아들은 사업이 아주 잘 됩니다. 엄청나게 많은 돈을 법니다. 그런데 너무 바쁩니다. 그래서 교회에는 일 년에 몇 번 밖에 못 나와서, 교회에서는 코빼기도 보기 힘듭니다. 출장 다니느라고 여기 저기 날아다니고 정신이 없습니다. 그런데 이 아들이 어머니의 소원대로 헌금은 엄청나게 많이 합니다. 십일조 정도가 아닙니다. 십일조에, 감사헌금에, 건축헌금에, 그 밖에도 많은 헌금을 합니다. 그러면서 이 아들이 "제가 어머니 기도덕분에 삽니다."라고 하면, 목사님이 이런 분들에게 보통 어떻게 반응하시나요? 목사님이 '이 분이 물질의 복도 받고, 건강의 복도 받고, 모든 복을 다 받았는데 단 하나 영적인 복만 좀 더 받았으면 좋겠다.'라고 생각하며 "제가 형제님을 위해서 기도할 때마다 그 모든 복 때문에 감사하지만, 믿음의 복을 더 달라고 기도하고 있습니다."라고 말합니다.

여러분 제가 하는 말이 굉장히 그럴듯하지 않습니까? 한국교회에서 늘 듣는 말이 아닙니까? 그러나 사실은 그렇지 않습니다. 사실은 이 사람에게 물질이 복이 아닙니다. 물질이 저주인 것입니다. 이 사람은 사업이 잘되기 때문에 하나님을 멀리하는 것입니다. 하나님을 찾지 않는 것입니다. 그 마음에 재물이 우상인데, 재물이 하나님인데, 왜 우리가 이런 것을 복이라고 합니까? 그 어머니가 정말 믿음의 권사님이라면 아들을 위해서 정말 애통해야 됩니다. "하나님 제 아들이 정신 차리지 못하고 있습니다. 제 아들은 물질이 우상입니다. 하나님 사업이 망하게 해 주십시오. 다 뺏어가 주십시오. 정말 하나님 없이는 살 수 없다는 것을 깨닫게 해 주십시오." 이것이 바른 기도 아닙니까? 만약에 여러분이 그러한 상황에 있다면, 여러분은 그렇게 기도하실 수 있겠습니까?

무엇이 복입니까? 잘 먹고 잘 사는 것이 복입니까? 여러분, 우리가 이 세상에 태어난 것이 편안하게 살다가 편안하게 죽기 위해서입니까? 그러기 위해서 우리가 이 세상에 왔습니까? 아닙니다. 그리스도인은 의를 추구하기 위해서 이 세상에 왔습니다. 우리가 살아가는 삶의 목표는 의입니다. 하나님 그 분을 알고, 하나님 그 분을 더 기쁘시게 하고, 그 분의 뜻에 온전히 순종하고, 마침내는 거룩하고 흠이 없는 하나님의 자녀가 되기 위해서, 하나님의 백성이 되기 위해서, 예수님을 닮은 우리가 되기 위해서 우리는 살아가는 것입니다.

이 일을 위해서 주님께서는 우리에게 주시는 것들을 주관하시는 것입니다. 때때로 어떤 사람에게는 물질을 더 맡기십니다. 어떤 사람에게는 건강을 주시지만, 어떤 사람에게는 건강을 잠시 보류하십니다. 어떤 사람에게는 물질을 많이 주시지 않습니다. 우리가 구하지 않기 때문에 못 받는 것이 아닙니다. 여러분이 정말 생계가 곤란할 정도면 당연히 구해야 합니다. 그러나 입을 것과 먹을 것이 있으면 족한 줄로 여기라고 히브리서는 말하고 있습니다. 여러분, 주어진 것에 감사하십시오. 이것이 우리에게 최선이라고 하나님께서 판단하셔서 우리에게 주신 것임을 알아야 합니다. 저는 몸이 썩 건강하지 않습니다. 제가 살아오는 동안 건강한 때보다 아픈 때가 더 많았습니다. 그러나 불평하지 않습니다. 하나님께서 저를 위한 최선을 아시기 때문입니다. 제가 건강했다면 얼마나 교만할지, 얼마나 제 마음대로 살고자 할지 주께서는 알고 계십니다. 그래서 저의 연약함을 통해서 주님을 찾으라고 주님께서 저를 붙잡고 계신 것입니다.

지금 있는 삶의 자리에서 여러분이 목말라하시는 것이 복입니까? 의입니까? 무엇을 구하십니까? 하나님께서는 그리스도 안에서 모든 신령한 복을 우리에게 다 주셨습니다. 그 신령한 복은 구원의 복이고, 거룩함에 이르는 복이고, 하나님의 자녀가 되는 복입니다. 그 복을 주님께서 자세히 풀어서 설명하신 것이 팔복입니다. 진짜 복은 심령이 가난한 것입니다. 애통한 것이 복입니다. 온유한 것이 복이고, 의에 주리고 목마른 그 자체가 복입니다. 긍휼히 여기는 것, 마음이 청결한 것, 화평케 하는 것, 심지어는 의를 위하여 핍박을 받는 자리까지 나아가는 것, 그것이 복입니다.

여러분, 다른 복을 구하지 마십시오. 우리의 기도는 "주님, 저를 주님께서 원하시는 사람으로 빚어 주십시오. 제가 정말 주님을 닮고 싶습니다."라는 것이 되어야 합니다. 사람들이 우리를 볼 때, "하나님은 살아 계시다."고 고백하고, 사람들이 우리를 볼 때, "아! 정말 하나님은 그런 분이시겠구나."라고 느끼도록, 우리는 하나님을 증거해야 할 사명이 있습니다. 우리가 이 세상에 보여주어야 할 책임이 있습니다. 그런 하나님의 증인이 되라고, 하나님의 아들이 되라고, 하나님의 백성이 되라고, 주님께서 여러분과 저를 부르셨습니다.

우리는 지금 팔복의 과정을 지나가고 있습니다

우리는 지금 팔복의 과정을 지나가고 있습니다. 제가 여러분에게 묻고 싶은 것은 이것입니다. 여러분은 정말 심령이 가난하십니까? 하나님 앞에서 의지할 수 있는 것은 오직 주님의 십자가 밖에 없다는 진정한 탄식과 고백이 여러분에게 있습니까? "그래도 나는 지금까지 잘 살았어요. 나는 지금까지 이렇게 해 왔어요." 여러분이 십자가 외에 자랑하고 있는 것이 있다면, 여러분의 공적이 있다면, 여러분은 아직 팔복에 들어온 것이 아닙니다. 다 내려놓아야 합니다. 심령이 가난해져서 "빈손 들고 앞에가 십자가를 붙드네. 의가 없는 자라도 도와주심 바라고 생명 샘에 나가니 마음을 씻어주소서."라는 찬송이 여러분의 기도여야 합니다.

심령이 가난해졌다면 이제 여러분은 트랙 위에 올라온 것입니다. 주님께서 앞으로도 인도하실 것입니다. 여러분의 심령의 가난한 상태가 깊어지면 애통함으로 나아갈 것입니다. 여러분 가운데 애통하시는 분들이 있을 것입니다. "목사님 저는 하나님 뜻대로 살고 싶어요. 늘 기도합니다. 그러나 너무나 안 돼요." 괜찮습니다. 그 애통이, 그 몸부림이 지금 하나님께서 여러분 안에서 일하고 계신 모습입니다. 우리 자아가 깨어져야 합니다. 우리도 온유한 사람이 될 수 있습니다. 우리도 주님처럼 정말 온유하고 겸손한 자가 될 것입니다. 우리도 의에 주리고 목말라서 "이제 내 삶의 목표는 내 이익이 아니라 주님을 기쁘시게 하는 의입니다."라고 고백하게 될 것입니다. 우리도 긍휼히 여기고, 마음이 청결해지고, 화평케 하는 일에 힘쓰고, 우리도 주님을 위하여, 의를 위하여 핍박받는 주님의 종이 될 수 있습니다. 그렇게 되는 여러분과 제가 되기를 바랍니다.

5부

소금과 빛

너희는 세상의 소금이니 소금이 만일 그 맛을 잃으면 무엇으로
짜게 하리요 후에는 아무 쓸 데 없어 다만 밖에 버려져 사람에게
밟힐 뿐이니라 너희는 세상의 빛이라 산 위에 있는 동네가 숨겨
지지 못할 것이요 사람이 등불을 켜서 말 아래에 두지 아니하고
등경 위에 두나니 이러므로 집 안 모든 사람에게 비치느니라 이
같이 너희 빛이 사람 앞에 비치게 하여 그들로 너희 착한 행실을
보고 하늘에 계신 너희 아버지께 영광을 돌리게 하라.

_ 마태복음 5장 13~16절

첫 시간에 "제게는 기독교 신앙이 가장 소중하다."고 말씀드렸던 것을 기억하십니까? 기독교는 저에게 보배입니다. 제가 세상에 태어나서 경험한 모든 것 중에 최상의 것은 예수님을 믿게 된 일입니다. 저한테는 이토록 소중하고, 감동적이고, 고귀한 기독교가 왜 세상의 눈에는 그렇게 비치지 않는 것일까? 왜 세상은 교회를 향하여 손가락질하고, 분노하고, 심지어는 경멸하는 언사를 퍼붓는 것일까? 그것이 제 마음을 아프게 합니다. 아마 여러분들도 마찬가지일 것이라고 생각합니다.

오늘 읽은 본문에 그 답이 나오고 있습니다. "소금이 만일 그 맛을 잃으면 무엇으로 짜게 하리요. 후에는 아무 쓸데없어 다만 밖에 버리워 사람에게 밟힐 뿐이니라." 저는 이것이 정확히 그 답이라고 생각합니다. 우리는 소금이라고 주님께서는 말씀하셨습니다. "너희는 세상의 소금이다." 그런데 만일 그 소금이 맛을 잃으면, 그 짠맛을 잃으면 밖에 버려져 밟힐 뿐입니다. 기독교가 그토록 많은 공격과 비난을 받게 된 까닭은 우리가 짠맛을 잃어버렸기 때문입니다. 오늘 이 소금과 빛에 대한 주님의 말씀을 여러분과 함께 상고하면서 우리의 사명이 무엇인지, 우리의 존재가 어떠한 것인지, 다시 한 번 생각해 보려고 합니다.

여러분, 소금과 빛에 대한 말씀이 팔복 바로 다음에 이어진다는 사실에 주목하고 계십니까? 혹시 팔복과 소금과 빛을 분리해서 생각하셨던 것은 아니십니까? 우리가 종종 팔복은 팔복대로 취급하고, 소금과 빛에 대한 주님의 말씀을 따로 떼어서 생각합니다. 그래서 우리는 어떻게 소금과 빛으로 살아야 하는가에 대한 답을 정확하게 알지 못하게 됩니다. 소금과 빛은 팔복을 전제로 하고 있습니다. 우리가 팔복의 사람이 될 때, 우리 안에 팔복이 이루어질 때, 비로소 우리는 세상의 소금이 될 수 있고, 세상의 빛이 될 수 있는 것입니다.

만약에 팔복이 이루어지지 않는다면, 우리는 세상의 소금 노릇을 할 수 없습니다. 세상에 빛을 발할 수가 없습니다. 우리가 팔복을 묵상한 후에는 반드시 이 소금과 빛에 대해서 묵상해야 된다고 생각합니다. 또 반대로 소금과 빛에 대한 주님의 말씀을 이해하기 위해서는 팔복을 정확히 알고 있어야 한다고 생각합니다. 오늘 이 시간에 소금과 빛으로서의 우리의 역할이 무엇인지, 문제가 무엇인지 주님의 말씀을 상고하도록 하겠습니다.

세상의 소금

주님께서 "너희는 세상의 소금이니"라고 말씀하십니다. 우리말로는 '세상의 소금이니'라고 번역이 되었는데, 더 정확히 말하면 '이 땅의 소금이니' 라는 뜻입니다. "너희는 이 땅의 소금이다."라는 말이 무슨 뜻일까요? 우리는 하늘에 속한 자들입니다. 우리는 천국의 백성입니다. 그렇지만 이 땅에서 삽니다. 이 땅이 우리의 삶의 현장입니다. 예수 잘 믿는다고 하는 것이 늘 여기가 아닌 저기를 바라보고, 몸은 여기서 살지만 마음과 생각은 온통 저쪽에만 쏠려있는, 그래서 여기는 마치 임시상태인 것 같이 여기고, 부질없고 헛된 세상 빨리 지나가 버리라는 태도로 사는 것이 아닙니다.

우리는 이 땅에서 삽니다. 이 땅에 발을 디뎌야 되고, 이 땅에서 우리의 사명을 찾아야 되고, 이 땅에서 우리가 해야 할 일을 하는 것입니다. 물론 우리의 소망은 하늘에 있습니다. 우리의 소속은 하늘나라입니다. 우리는 천국 백성이고, 우리는 하나님 백성이고, 하늘에 속한 자들입니다. 그렇지만 우리의 삶은 이 땅이라는 것, 이 땅에서 펼쳐진다는 것을 여러분 잊지 마십시오.

주님께서는 소금과 빛의 두 가지 은유(隱喩, metaphor)로 말씀하셨습니다. 소금은 악과 싸우는 것을 의미합니다. 옛날에는 소금을 방부제로 사용하였습니다. 소금은 부패를 막는 역할을 합니다. 어떤 사람들은 소금을 음식의 간을 맞추어 음식을 맛있게 하는 조미료의 의미로 생각하는데, 여기서는 그런 뜻이 아닙니다. 왜냐하면 음식에 맛을 더하기 위해서 사용하는 정도의 소금은 아주 양이 적습니다. 소금을 듬뿍 넣는다면 음식이 짜서 못 먹습니다. 그래서 간을 맞추는 소금은 아주 조금씩 씁니다. 그 정도의 소금을 땅에 버려서 사람들이 밟고 가게 한다는 것은 조금 맞지 않는 것 같습니다.

옛날에는 냉장 기술이 없었기 때문에 소금을 사용하였습니다. 예를 들어서 갈릴리에는 고기 잡는 사람들이 많이 있었는데, 생선을 잡으면 얼릴 수가 없었기 때문에 소금을 뿌렸습니다. 생선 위에 굵은 소금을 잔뜩 뿌려두면 생선이 썩는 것을 방지할 수 있었습니다. 그래서 소금의 역할은 부패를 방지하는 것입니다. 그것을 우리에게 적용한다면 이 세상이 썩어가는 것, 이 세상이 부패해 가는 것과 싸워서 썩어가는 것, 부패해 가는 것을 방지하는 역할을 하라는 것이 저희가 소금의 역할을 해야 한다는 의미입니다. 이것은 악과 싸우는 것을 의미합니다.

여러분, 주님께서는 우리에게 "너희가 세상의 소금이 되어라." "너희는 세상의 빛이 되어라."라고 명령형으로 말씀하시지 않았습니다. 서술형으로 "너희는 세상의 소금이다." "너희는 세상의 빛이다."라고 말씀하셨습니다. 이것은 이미 우리는 그러한 존재라는 뜻입니다. 예수 믿는 순간 우리는 예수님과 하나가 됩니다.

교회는 예수님의 몸입니다. 예수님께서, 주님께서 세상의 소금이고, 세상의 빛이시라면 주님과 연합하여 그 분의 지체가 된 우리들, 그 분의 몸의 일부가 된 우리 역시 세상의 소금이고, 세상의 빛일 수밖에 없습니다. 이 선택은 우리에게 있지 않습니다. 우리가 예수님을 믿는다면 그 선택은 이미 내려진 것입니다. 우리는 이미 소금으로 자처한 사람들입니다. 소금이신 주님을 따르면서 "우리들도 소금입니다."라고 고백한 사람들입니다. 또 우리는 빛 되신 주님을 따르면서 빛이 된 자들입니다. 문제는 우리가 우리 신분에 걸맞은 모습을 드러낼 것인가, 하나님께서 우리를 불러서 되게 하신 존재가 참으로 될 것인가하는 것입니다. 그것은 우리가 팔복으로 되돌아가게 합니다. 우리가 팔복의 사람이 될 때, 우리는 소금의 역할을 할 수 있고,

빛의 역할을 할 수 있습니다.

주님께서 "소금이 만일 그 맛을 잃으면 무엇으로 다시 짜게
하리요. 다만 밖에 버려져 사람에게 밟힐 뿐이니라."라고 말씀
하셨습니다. 소금이 그 맛을 잃으면, 소금이 그 짠 맛을 잃으면
무엇으로 다시 짜게 하겠습니까? 우리 그리스도인들이 그리스
도인답지 않다면, 우리가 팔복의 사람이 되지 않는다면, 우리
가 주님께서 우리에게 맡기신 소금과 빛의 역할을 해내지 못한
다면, 다른 대체물이 없다는 것입니다. 누군가 다른 사람이 할
수가 없습니다. 이 세상이 부패해 가는 것을, 이 세상의 어두움
을 우리 대신 누가 해결할 수 있습니까? 그래서 교회는 세상의
마지막 소망입니다.

여러분과 저는 얼마나 막중한 사명을 띠고 있는지 모릅니
다. 여러분은 소금으로서의 자신의 신분을 생각하십니까? 여
러분은 짠 맛이 나는 사람입니까? 우리가 소금이라는 것은 우
리가 속해 있는 집단에는, 우리가 그 가운데 있다면, 악과 불의
가 함부로 행해질 수 없다는 것을 의미합니다. 우리는 그것을
볼 수가 없습니다. 우리는 그것을 참을 수가 없습니다. 그래서
우리가 그렇게 하지 말자고 노력합니다. 굉장히 어려운 일입니
다. 오늘 식사하는 중에 한국에서는 직장생활을 하면서 신앙생

활하기가 참 어렵다는 이야기를 나누었습니다. 아마 많은 분들이 공감하실 것입니다. 부패한 사회구조 속에서 살아간다는 일은 너무나 어려운 일입니다.

예를 들어서 한 번 이렇게 생각해 보십시오. 식료품을 만드는 어떤 회사가 있습니다. 그런데 그 식료품에는 들어가서는 안 되는 물질이 엄청나게 불법적으로 들어갑니다. 왜냐하면 그것을 집어넣어야 맛이 나고, 오래 동안 썩지 않으니까 허용치를 훨씬 넘어서, 기준치를 넘어서 그것을 부정으로 사용합니다. 그 회사의 직원이 된 제가 그 사실을 알게 되었습니다. 그리고 제가 그리스도인의 양심상 이 문제를 묵과할 수 없게 되었습니다. 여러분 같으면 어떻게 하시겠습니까? 여기서 제가 회사라고 하는 거대한 기구와 맞서서 싸울 수 없습니다. 제가 그것을 지적하고 항거하면 그날로 저는 회사를 그만두어야 합니다. 제가 무슨 힘이 있습니까? 당신 그렇게 까다로울 거면 회사 나오지 마, 한마디면 끝나는 것 아닙니까? 그래서 저도 모르게 아무 말도 안하게 됩니다.

요즘은 많이 깨끗해져 가고 있지만 아무튼 비리와 부정이 곳곳에 있습니다. 우리가 뇌물을 쓰지 않으면 일이 전혀 되지 않는 그러한 사회들이 많이 있습니다. 우리가 정직한 방법으로는 살 수 없는 사회가 많이 있습니다. 그런 곳에서 소금이 될 수 있겠습니까? 여러분, 소금이 되기가 너무 어렵습니다. 그래서 제가 목사로서 이런 것을 원리적으로 설명했더니 반론이 만만치 않습니다. 목사님이 세상을 너무 모르신다고. 목사님은 교회라고 하는 안전한 울타리 안에서 이론으로만 말씀하시니까 소금이 되어라. 악과 싸워라. 부패를 방지해라. 쉽게 말씀하시지요. 저희처럼 삶의 현장 속에서, 사회의 썩어가는 구조 한복판에서, 생존이 불가능한 상황에서 어떻게 하라는 말씀입니까?

여러분, 이런 질문을 여러분이 하셔야 됩니다. 왜 하셔야 되는지 아십니까? 고민한다면 하셔야 됩니다. 목사님이 뭐라고 말하든 나는 상관이 없다. 나는 내 식대로 살겠다. 그렇다면 질문할 필요가 없을 것입니다. 그러나 소금이 되라고 하시니, 소금이 되려고 해 보니까 이건 정말 말이 안 되는 겁니다. 그럴 땐 어떻게 해야 합니까?

제가 어떤 지혜로운 분의 글을 읽었습니다. 우리는 타협을 안 할 수가 없습니다. 타협을 합니다. 그래서 만약 그 허용치를 넘어서서, 예를 들어서 2%가 들어가야 할 것이 10%가 들어갔다면 처음부터 2%로 맞출 수가 없습니다. 이 사람이 거기서 노력하기 시작합니다. 상사에게도 이야기하기 시작하고, 관계자들과도 조심스럽게 대화하기 시작합니다. 물론 이 사람이 미움을 받을 것입니다. 그러나 쫓겨나지 않을 범위 내에서 몸부림을 쳤습니다. 그래서 8%로 낮출 수가 있었다는 겁니다. 그리고 조금 더 시간이 지나자 6%로 낮출 수 있었다는 겁니다.

우리 현실은 이런 식입니다. all or nothing, 흑백논리로 안 되는 때가 많이 있습니다. 그렇다고 우리가 두 손 놓아야 합니까? 그렇다고 우리가 예를 들어서 정치판은 너무 더러우니 그리스도인은 정치판에 뛰어들어서는 안 된다. 이렇게만 말해야 합니까? 또는 뛰어들되 거기서는 기독교인의 딱지를 떼고 세속적으로만 하라. 이렇게 말해야 합니까? 쉬운 문제가 아닙니다. 우리가 세상의 소금으로 산다는 것은 근본적으로 나는 녹아 없어지겠다는 각오를 하지 않으면 안 되는 일입니다. 그래서 다시 팔복으로 되돌아가는 겁니다.

의를 위하여 핍박을 받을 각오가 없이 우리는 소금이 될 수 없습니다. 우리는 악과 싸워야 됩니다. 우리는 불의와 싸워야 됩니다. 그런 일들은 쉽지가 않습니다. 그것은 너무 어렵습니다. 그래서 예수 믿고 늘 할렐루야 아멘하면서 항상 기쁘다 그런 것만이 아닙니다. 신앙생활은 그런 것이 아니고, 물론 그런 측면도 있습니다. 주님을 생각하고 주님의 사랑과 나를 받아주신 은혜와 그 용서의 체험을 생각할 때는 언제 어느 때라도 어느 상황에서라도 우리는 기뻐합니다. 그러나 그리스도인으로서 살아가는 그 일을 생각할 때 우리는 많은 고민과 고뇌를 해야 합니다. 그렇게 사는 것입니다.

소금의 길은 쉬운 게 아닙니다. 로마 기독교의 예를 들겠습니다. 로마가 주후 313년에 콘스탄티누스 황제의 밀라노 칙령에 의해서 로마 교회가 종교의 자유를 얻습니다. 기독교인들이 더 이상 박해를 받지 않아도 되었습니다. 그런데 콘스탄티누스 대제가 기독교에 자유를 준 이 정책은 어떤 면에서 콘스탄티누스 대제가 기독교를 이용한 것입니다. 왜냐하면 그 당시 기독교의 세력이 무시 못 할 정도로 커졌기 때문에 정치적인 판단이 빠른 콘스탄티누스 황제가 기독교와 손을 잡고 자신의 정치적인 입지를 굳히고자 한 것입니다. 로마는 벌써 팍스 로마나(Pax-Romana)라고 "로마의 평화"라고 그들의 지배 이데올로기를 내세우면서 계속 점령했습니다. 로마제국을 확장했습니다. 그러나 얼마 안가서 곳곳에서 반란이 일어나고 통치가 힘들어지기 시작했습니다.

특히, 로마의 상류사회, 귀족층의 도덕적 타락이 아주 심했습니다. 그래서 로마 전체가 와해되어 가고 있는 과정이었습니다. 그 때 기독교인들이 핍박을 많이 받았습니다. 그런데 이런 놀라운 일이 벌어졌습니다. 로마의 귀족 청년들이 데이트하고 놀 때는 사귈 때는 귀족집의 딸들, 귀족처녀들을 데리고 연애를 합니다. 그러나 막상 자신들이 결혼을 할 때는 그리스도인

처녀들을 찾았습니다. 왜 그런지 아십니까? 그리스도인들만이 순결했습니다. 그리스도인 처녀들만이 정말 순결한 처녀들이 었습니다. 다시 말하면 교회의 도덕적 승리였던 것입니다.

로마에도 뛰어난 철학이 있습니다. 스토아철학이라는 도덕 철학이 있었습니다. 스토아철학자들의 글을 읽어 보면 꼭 동양의 공자님, 맹자님의 논어 맹자 같은 말씀입니다. 좋은 말씀이 많이 있습니다. 예를 들어서 마르쿠스 아우렐리우스라고 하는 황제는 스토아 철학자입니다. 〈글래디에이터〉라는 영화를 보면 거기서 자기 아들에게 죽임 당하는 늙은 황제가 아우렐리우스 황제입니다. 그가 쓴 〈명상록〉이 아주 유명합니다. 그러나 일부 스토아 철학자들이 아무리 도덕을 논하고 바른 삶을 외치면 뭐합니까? 로마는 썩어가고 있었고, 부패해가고 있었고, 타락해가고 있었습니다. 그 때 로마의 교회가 무슨 정치활동을 하지 않았습니다. 그들의 존재 자체가 소금이었고, 그들의 존재 자체가 빛이었습니다. 결국은 핍박을 받으면서도 믿음을 지켰던 교회가 승리한 것입니다.

물론 후대의 역사가들은 교회가 자유를 얻는 그 순간부터 교회는 타락하기 시작했다는 그 점을 지적합니다. 저는 이 로마교회의 예를 생각하면서 왜 교회가 정치참여를 해야 한다고, 사회 참여를 해야 한다고 자꾸 주장하는 데 대해서 많이 고민하고 있습니다. 우리가 교회가 되지 못하는데, 우리가 순결하지 못한데, 우리가 거룩하지 못한데, 우리가 정직하지 못한데, 우리가 짠 맛을 잃었는데 무슨 사회참여를 하고 정치참여를 한다고 나서는 것일까. 저는 사실 마음 속에 회의가 많습니다.

여러분, 윌리암 윌버포스라는 사람 들어 보셨습니까? 아주 유명한 분입니다. 아마 목사님들이 설교할 때 예화로 많이 사용한 사람일 것입니다. 우리는 에이브러햄 링컨을 압니다. 미국에서 노예해방을 했던 대통령으로서 에이브러햄 링컨을 기억합니다. 그러나 그보다 반세기 정도 앞서 영국에 윌리암 윌버포스라는 사람이 있었습니다. 이 사람은 독실한 그리스도인이었습니다. 젊은 나이에 의회의 의원이 되었습니다. 그런데 이 사람의 눈에 도저히 묵과할 수 없는 불의한 사회제도가 있었습니다. 노예매매제도였습니다. 이 노예매매제도에 있어서는 그리스도인이든 비그리스도인이든 구별 없이 모두 연루되어 있었습니다. 이 사람은 자신의 기독교적인 양심에 비추어서 이 일은 도저히 그냥 지나칠 수 없다고 생각했습니다. 의회에 법안을 상정합니다.

처음 이 분이 이 법안을 제출했을 때 몇몇 동료가 지지했습니다. 믿음으로 함께 의정활동을 했던 동료들이 있었던 겁니다. 그러나 그들은 너무나 소수였고, 거대한 의회와 싸움이 되지 않았습니다. 그가 처음에 노예매매제도를 없애자고 이야기를 꺼냈을 때, 모든 사람들의 비웃음을 받았고, 심지어는 기독교인들의 반대에 부딪혔습니다. 그러나 중단할 수가 없었습니다. 이 사람의 마음속에 이 악은 너무나 심각하고 뿌리 깊은 악이고, 하나님을 믿는다고 하는 민족인 영국인들이 이런 일을 저지를 수 없다고 생각했습니다. 그래서 싸우기 시작합니다. 또 법안을 상정했습니다. 이 사람이 키가 좀 작았던 모양입니다. 그래서 윌리암 윌버포스를 '슈림프'라고 놀려댄 동료의원도 있었습니다.

윌버포스의 전기를 쓴 분은 이렇게 묘사하고 있습니다. 그는 새우가 고래가 되는 것을 보아야 했다. 그 조그만 사람, 미약한 사람, 아무도 귀를 기울여 주지 않는 그 사람이 의회에 또 제출하고, 또 제출하고, 법안을 계속해서 가지고 올라오는 것입니다. 올라올 때마다 연설을 합니다. 그 사람들의 마음에, 양심에 호소를 합니다. 사람들의 마음이 조금씩, 조금씩 움직이기 시작했습니다. 나중에 그들의 양심이 너무 일깨움을 받으니까 그들의 눈이 활짝 열렸습니다. 이 악을, 이 사악한 악을 도저히 용납할 수 없다는 윌리암 윌버포스의 말이 너무나 지당했습니다. 그런데 윌리암 윌버포스가 그 노예매매를 폐지하고 급기야는 노예제도까지 폐지하는 일을 하는데, 그 일이 몇 년 걸렸는지 아십니까? 50년 걸렸습니다. 평생을 그 일에 바치고 싸웠습니다. 죽기 2~3일 전에 그 법안이 통과되었다는 소식을 병상에서 들었습니다.

여러분, 저는 영국이 위대한 나라라고 생각합니다. 물론 많은 잘못이 있지만, 신앙적으로 영국 기독교가 우리에게 남긴 유산이 참 큽니다. 우리 한국 기독교는 그만큼 연륜이 없고 역사가 짧습니다. 한국 기독교가 오백 년 후, 천 년 후에 어떤 유산을 남길 수 있을지 솔직히 염려가 됩니다. 영국도 많은 잘못을 했습니다. 그러나 영국 교회 역사를 살펴보면 이런 사람이 있었습니다. 한 시대의 양심이었던 사람이 있습니다. 그 불의를, 심지어는 교회조차도 묵인하고, 묵인할 뿐 아니라 동조하고 거기에서 부당한 이득을 취하고 있는 시대에 한 사람이 소금이 된 것입니다. 한 사람이 의를 위하여 기꺼이 핍박을 받은 것입니다.

도저히 묵과할 수 없고, 도저히 용납할 수 없는 이 사악한 죄를 하나님을 믿는 우리가 어떻게 용납할 수 있겠느냐면서 싸우고, 싸우고, 또 싸웠습니다. 이것이 소금입니다. 부패를 방지하는, 악과 싸우는, 불의와 끝까지 싸우는, 한사람이 있었습니다.

여러분, 우리 한국은 어떻습니까? 한국 교회들은 어떻습니까? 한국은 개신교인의 수가 20%라고 통계가 있습니다. 아마 실제로는 이보다 조금 작을 것입니다. 한국 교회들이 조금 이상해서 이 교회를 다니다가 다른 교회로 옮겨가도 계속 그 교회의 명부에 남아 있습니다. 그러니까 교회마다 발표하는 숫자가 실제보다 좀 더 많다고 합니다. 우리가 20%라고 발표를 해도 실제로는 그보다 안 될 것 같습니다. 거기다 천주교인이 있습니다. 개신교와 천주교를 합치면 기독교는 한국에서 무시 못할 세력입니다.

로마가 기독교에 의해서 콘스탄티누스 황제가 기독교 세력을 인정하고 손을 잡을 무렵 기독교는 그 사회의 5%에서 8%였다고 합니다. 로마 인구 전체의 5% 내지 8%정도가 기독교인이었을 때, 로마를 바꿀 수 있었습니다. 그런데 우리는 지금 그보다 몇 배가 됩니다. 우리는 20%를 상회하는 소위 그리스도인이 한국에 있습니다. 그런데 우리 그리스도인들이 한국 사회에 어떤 영향을 얼마나 끼치고 있는 것 같습니까? 우리가 윤리적으로나 세계관적으로 긍정적인 영향을 한국 사회에 퍼트리고 있습니까? 매년 부정입학 그런 일이 터져 나올 때마다 거기에는 그리스도인들이 다 연루되어 있습니다. 국회의원의 30%가 넘는 숫자가 그리스도인입니다.

저는 너무 비판적인 사람이 되지 않으려고 노력합니다. 하지만 우리의 현실을 있는 그대로 직시할 필요가 있습니다. 한 가지만 예를 들겠습니다. 한국 드라마나 한국 영화에 비춰진 교회의 모습을 한 번 생각해 보십시오. 교회가 거기에 어떻게 묘사되고 있는지 보십시오.

한국교회의 현실을 실제적으로 그려낸 영화가 〈밀양〉이 아닌가 싶습니다. 물론 교회에 대해서 부정적입니다. 그렇지만 거기 모이는 교인들의 모습, 예배드리는 광경, 그 모든 것이 그래도 참 많이 흡사하다고 생각했습니다. 그런 몇몇 예를 제외하고는 저는 드라마나 영화에서 나오는 교회의 모습이 굉장히 낯섭니다. 너무나 교회를 모른다 싶습니다. 드라마에 천주교가 나올 때는 어떻게 나오지요? 항상 주인공들이 텅 빈 성당에서 결혼식 하는 것만 나옵니다. 천주교의 이미지는 아름다운 성당 빌려주는 곳이 되어버렸습니다. 주인공이 너무 슬플 때 성모 마리아상 밑에 가서 우는 장면, 그것이 천주교의 본질입니까? 개신교는 어떻습니까? 좋고 나쁜 것을 떠나서 전혀 있는 모습이 잘 반영이 되지 않습니다.

불교를 묘사하는 영화나 드라마를 보십시오. 굉장히 흡사합니다. 정말 불교가 그렇습니다. 불교는 한국인들의 심성에 깊이 뿌리박혀 있습니다. 한국 사회 전체가 불교를 믿던 안 믿던 불교문화를 이해하고 있습니다. 스님들, 법정 스님 같은 분의 수필이 전 국민의 애독서가 되고 있습니다. 그러나 복음주의자, 윌리엄 윌버포스 같은 진짜 그리스도인, 진짜 그리스도인의 진짜 기독교적인 글이 한국 사회의 베스트셀러가 되는 적이 없습니다. 우리는 너무 영향력이 없습니다. 우리는 너무 존재감이 없습니다. 20%를 넘는 그리스도인이 있는데도 전혀 의미 있는 영향을 미치고 있지 못하는 것입니다. 여의도 광장에 백만 명, 이백만 명 모아놓고 집회하는 것이 영향력을 행사하는 방법이 아닙니다. 어마어마하게 큰 예배당을 짓고, 수만 명이 모여 있으면 그것이 힘이 되는 것은 아닙니다. 그런데 여전히 그렇게 생각하는 교인들이 있습니다. 그렇게 많이 한 데 모이고 많이 예배하고 예배당을 세운다 한들 한국 사회가 달라지겠습니까? 믿지 않는 사람들이 교회를 보는 눈이 바뀌겠습니까? 그렇지 않습니다. 그것이 기독교를 증거하는 방법이 아닙니다.

사실 우리 자신이 문제입니다. 우리가 흔히 교회를 비판할 때, 대형교회들, 유명한 목사들, 어딘가 있을 당국자들을 향해서 비판하기가 쉽습니다. 그러나 비판의 구체적인 대상은 여러분과 저, 우리 자신이어야 합니다. 우리가 소금이었는지를 생각해 보아야 한다는 것입니다. 저는 이런 말을 많이 들었습니다. 소금이 소금 통 안에 있으면 어떻게 짠 맛을 낼 수 있느냐? 소금은 소금 통에서 빠져 나와야 한다. "out of the salt shaker" 입니다. 그래서 버무려지고 함께 섞여야 되지 않는가? 그러면서 기독교인들이 너무 자기들끼리 똘똘 뭉쳐 있어서 세상에서 소금 노릇을 못한다는 지적을 들었습니다. 저도 그렇게 생각했습니다. 그리고 그 점을 지적하는 강의나 설교를 많이 했습니다. 그러나 곰곰이 생각해 보니까 틀린 지적이라는 생각이 들었습니다. 여러분, 우리는 그리스도인 빌리지를 따로 만든 것이 아닙니다. 우리는 지금 수도원 안에 들어와 있지 않습니다. 우리는 우리끼리 모여서 어떤 공동체를 이루는 것이 아닙니다.

여러분 삶의 대부분은 주일날 교회에 나오고, 집에서 잠자는 시간 등 그렇게 보내는 시간 외에는 여러분 직장생활하지 않습니까? 여러분 다니는 직장이 그리스도인들만 모이던가요? 여러분들이 장보러 갈 때 그리스도인이 운영하는 마켓에 가서 그리스도인들만 있는 마켓에 가서 장을 보십니까? 아닙니다. 우리는 이미 섞여 있습니다. 우리는 일주일의 많은 부분을 비그리스도인들과 접촉하고 있습니다. 우리 삶의 많은 부분이 이미 세상과 연결되어 있고, 세상에 노출되어 있습니다. 진짜 문제는 무엇인가? 짠 맛을 잃었다는 데 있습니다. 사람들이 우리가 그리스도인인 줄 잘 모릅니다. 어쩌다 얘기하다가 교회에 다닌다는 얘기가 나와야 비로소 밝히는 것입니다. 그러나 내가 아무 말하고 있지 않아도 당신 어딘가 좀 다른데, 당신은 혹시 예수 믿는 사람인가, 하는 질문을 받아 보았어야 합니다. 우리가 아무 말 안 하고 있으면 우리가 그리스도인인지 아닌지, 교회에 다니고 있는지 아닌지 아무도 모른다면, 우리가 지금 짠맛이 없는 것 아니겠습니까?

세상의 빛

이제 우리가 세상의 빛이라고 하신 말씀으로 넘어가 보겠습니다. 소금의 역할이 악과 싸우는 것, 불의와 싸우는 것, 부패를 방지하는 것이라면, 빛은 어떤 역할을 합니까? 빛은 밝히 비추는 일을 합니다. 그러면서 주님은 이렇게 말씀 하십니다. "너희 착한 행실을 보고 하늘에 계신 너희 아버지께 영광을 돌리게 하라." 사람들에게 착한 행실을 하라고 하십니다. 그래서 소금과 조금 다릅니다. 소금이 악과 싸우는 것이라면, 불의와 싸우는 것이라면, 빛은 선을 행하는 것입니다.

착한 일을 하는 것입니다. 사람들로 하여금 하나님께서 우리를 통하여 이런 일을 하신다는 것을 보여주라는 것입니다. 그러면서 예수님께서 이렇게 말씀하셨습니다. "산 위에 있는 동네가 숨기우지 못할 것이요." 산 위에 있는 동네가 무엇입니까? 예루살렘입니다. 예루살렘이라는 도시는 아주 높은 곳에 있습니다. 예루살렘 한쪽 끝은 절벽입니다. 예루살렘 성을 시온 성이라고 하고 다윗 성이라고도 하는데, 천혜의 요새입니다. 한쪽 끝이 절벽이라서 그 절벽을 통해서는 적군이 침입할 수 없습니다. 다른 쪽에서 예루살렘을 침략해 온다 해도 예루살렘이 위에 있기 때문에 방어하기에 아주 쉽고, 공격하기는 아주 어려운 성입니다. 한 마디로 예루살렘은 높은 곳에 있습니다. 그 예루살렘이 산 위에 있는 동네입니다.

그런데 예루살렘을 향하여 순례자들이 찾아옵니다. 일 년에 몇 차례씩 먼 데서 순례자들이 예루살렘을 향하여 옵니다. 밤에, 캄캄한 밤에 저 멀리 예루살렘이 있는데, 그 예루살렘은 환하게 빛이 나는 것입니다. 예루살렘에 있는 집집마다 불을 켜 두면, 멀리서 보일 수밖에 없습니다. 그것이 산 위에 있는 동네입니다. "산 위에 있는 동네가 숨기우지 못할 것이요."

우리는 이미 산 위에 있습니다. 세상 모든 사람들이 우리를 볼 수밖에 없는 위치에 이미 있습니다. 그런데 예루살렘이 캄캄합니다. 모든 불이 꺼졌습니다. 밤에 순례자들이 오는데 빛이 보이지 않습니다. 그러면 어디를 찾아오겠습니까? 아무 도움이 되지 않습니다. 우리는 산 위에 있는 동네이고, 이미 숨길 수 없는데 우리가 빛을 발하고 있는가, 이것이 문제입니다. 이

빛의 역할은 선을 행하는 것이라고 말씀드렸습니다. 제가 설교를 준비하면서 어떤 좋은 예가 있을까 생각해 보았는데, 역시 마더 테레사 이야기로 돌아갈 수밖에 없습니다.

마더 테레사 영화를 보았습니다. 올리비아 핫세가 등장한 영화입니다. 그러니까 실제 마더 테레사가 등장한 것이 아닙니다. 테레사 수녀님이 사랑의 선교회를 만들어 인도의 한 마을에 들어갔습니다. 그 마을의 비어 있는 건물을 사용합니다. 그 비어 있는 건물 안에 병원을 차린 겁니다. 병원이래야 변변찮은 의료시설이 있는 것이 아니고, 행려병자들을 데려다가 도와주는 정도입니다. 하루는 병원 건물 앞에 힌두교인들인 그 마을 사람들이 화가 잔뜩 나서 모였습니다. 이 사람들이 공격하고 욕하면서 항의합니다. 당신들은 비밀리에 우리 인도 사람들을 당신네들의 집단에 끌어들이고 있다. 그 건물 안에 들어가서 몰래 세례를 주고, 세뇌시키고, 종교 교육을 시키고 있다고 말입니다. 그 때 테레사 수녀님이 제일 앞장 선 어떤 젊은이 한 사람을 들어오라고 합니다. 그 청년이 그 건물 안으로 들어갔습니다. 거기에는 성경을 가르치는 일이 전혀 없었습니다. 세례 주는 장면도 전혀 없었습니다.

거기는 정말 냄새나고, 더럽고, 모든 사람이 고개를 돌려 외면하는 죽어가는 행려병자들이 누워 있었을 뿐입니다. 수녀님들이 그들을 돌봅니다. 놀라운 일은 테레사 수녀님은 그 고름을 입으로 빨아가지고 치료를 하시는 것입니다. 이 청년이 얼어붙었습니다. 그 장면을 보고나서 밖으로 나갔습니다. 그러자 성난 마을 사람들이 "네 눈으로 직접 봤지? 이 못된 사람들을 쫓아내자. 기독교인들을 쫓아내자." 이렇게 소리치는데, 이 청년이 한 마디 합니다. "만약 우리 힌두교인들이 이 사람들처럼 행할 수 있다면 그때 쫓아내라."라고 말입니다.

만약 우리 힌두교인들이 이 수녀님들이 행하고 있는 것처럼 행하고 있다면, 그때는 우리가 이 사람들을 쫓아낼 자격이 있을 거라는 뜻일 겁니다. 더는 아무도 더 이상의 행동을 못했습니다. 누구보다도 혈기가 많고 반대에 앞장섰던 청년이 그런 태도를 보이자 마을 사람들은 흩어질 수밖에 없었습니다. 더는 항거하고 대항할 수가 없었습니다. 이 사랑의 선교회 수녀님들의 진심이 통했습니다. 테레사 수녀님은 인도의 어머니라고까지 불렸습니다. 인도 사람들은 유고 출신의 이 할머니에게 인도시민권을 주었습니다. 테레사 수녀는 인도식 사리, 그러니까 인도 여인들이 입는 그 사리를 입고 다녔습니다. 인도식으로 인사하고, 인도식으로 식사하고, 정말 인도를 사랑했던 사람입니다.

윌리암 윌버포스 그 한 사람이 소금 역할을 했다고 말씀드렸는데 이 한 수녀님이 발한 빛이 얼마나 크고, 얼마나 멀리까지 퍼져 갑니까? 인도 사람들이 그 빛을 부인할 수가 없었습니다. 기독교니 천주교니 이런 구분이 그들에게 더는 중요하지 않았습니다. 그 사랑을 행하는 모습, 선을 행하는 모습, 그의 착한 행실을 보았는데 무슨 말이 더 필요하겠습니까? 이것이 빛입니다.

이런 상상을 해봅니다. 여러분 구글 어스(Google earth) 같은 것들을 통해서 지구 밖에서 지구를 찍은 사진을 보셨을 것입니다. 밤에 찍은 사진을 보면 대도시들은 밤에도 환합니다. 우주 밖에서 지구를 보아도 빛이 다 보입니다. 예를 들면, 남한은 환한데 북한은 캄캄합니다. 북한은 밤에 불을 켜는 곳이 거의 없으니까요. 서울, 도쿄, 로스앤젤레스, 뉴욕 같은 세계의 대도시들은 밤이 대낮처럼 밝습니다. 그렇게 밝은 불이 비칩니다. 자 이렇게 생각해 보십시오. 세상을 영적인 눈으로 볼 때 세상이 캄캄합니다. 세상은 죄와 악과 불의에 싸여 있습니다. 우리 하나님께서 빛을 찾으시는 겁니다. 어디 빛이 없는가 하고 말입니다. 여기 저기 반딧불처럼 크고 작은 조그만 빛들이 반짝이고 있습니다. 그 빛이 누구입니까? 주님의 제자들입니다. 그 빛이 예수 믿는 사람들입니다. 그 빛이 예수님의 이름으로 모이고 있는 교회들입니다. 하나님께서는 그 빛을 찾으십니다. 주님께서는 그 빛을 찾으십니다. 이 어두운 세상에 나 대신 나를 위하여 빛을 발할 나의 백성은 어디에 있는가? 그런데 영안으로 보지 않고 육안으로 보면 그리스도인이 굉장히 많습니다. 교회가 얼마나 많은지, 십자가가 얼마나 많이 서 있고 예배당이 얼마나 많은지, 그런데 영안으로 보면 하나도 안 보입니다. 빛이 안 보입니다. 어디서 쪼끄만 빛, 여기저기서 희미하게 세상을 밝히기에는 그 빛이 너무나 약합니다. 저는 주님께서 보시는 세상의 영적인 모습이 그런 것이 아닐까. 주님께서 나를 찾으시는데 내가 안 보입니다. 왜요? 내가 너무 캄캄해서입니다. 내 속에 주님의 빛이 환히 빛나고 있다면 주님께서 나를 보실 수 있을 것인데 말입니다.

여러분, 우리는 세상의 빛이라고 주님께서 말씀하셨는데, 내 속에 그 주님의 빛이 발하고 있습니까? 이 질문을 제가 여러분에게 던지고 싶은 것입니다. 한국사람 이야기를 하나 하겠습니다. 여러분 중에 '내 잔이 넘치나이다'라는 책을 읽은 분이 계실 것입니다. 사실 굉장히 좋은 책인데, 요즘에는 절판이 되어서 구하기가 어렵습니다. 1980년대에 베스트셀러가 되었던 책입니다. 소설가 정연희 씨가 쓴 책입니다. 그 책은 실화를 바탕으로 쓴 책입니다. 한국의 맹의순이라는 젊은이에 대한 이야기

입니다. 맹의순 씨가 그리스도인인데 북한에서 월남해서 내려
와 살다가 육이오 동란이 일어났습니다. 맹의순 씨가 피난을
가다가 낙동강 근처에서 국군에게 붙잡힙니다. 민간인 포로임
에도 불구하고 우여곡절 끝에 인민군 포로처럼 되어 버렸습니
다. 이 사람은 억울한 사람입니다. 인민군에게 들킬까봐 낮에
는 숨어서 전전긍긍하다가 밤에만 움직이는 식으로 남하해서
거기까지 온 것인데, 역설적으로 이 사람이 인민군 포로인 것
처럼 붙잡힌 것입니다. 그래서 전쟁포로들을 수용하는 수용소
에 들어가게 되었습니다. 그런데 맹의순 씨를 아는 많은 사람
들이 밖에서 구명운동을 합니다. 이 사람은 신분이 확실한 사
람입니다. 우리가 이 사람의 신원을 보증할 수 있습니다. 여러
가지 서류를 만들어서 관계 당국에 제출하고 무진 노력을 기울
입니다. 그런데 맹의순 씨는 그런 사실을 모릅니다. 포로수용
소에 있다가 중공군 포로수용소로 옮겨가게 됩니다. 중공군 포
로수용소는 훨씬 그 사정이 열악했습니다. 생각해 보십시오.
중국 사람들과는 말이 통하지 않습니다. 중공군은 무슨 정규
훈련을 받은 군대도 아닙니다. 정말 순박하기 그지없는 시골
농민들, 총 한 번 잡아본 적이 없는 사람들을 인해전술로 마구
몰아낸 것입니다. 그러면서 내려오다가 동상에 걸려서 다리를
자르기도 하였습니다. 말도 안 통하는 곳에서 그들이 겪은 비

참함이란 말로 다할 수 없었습니다. 포로수용소는 거의 무정부 상태였습니다. 그 안에서 힘 있는 사람들이 힘 없는 사람들을 착취하였고, 힘 있는 자가 폭력으로 지배하는 정글 같은 세상이었습니다. 경비를 세워서 질서를 유지할 수 없는 상황이었습니다. 그런 지옥 같은 수용소에 맹의순 씨는 자발적으로 들어갑니다. 자기가 중공군 포로들을 돕겠다고 자청한 것입니다. 그 곳에서 그 사람들을 섬깁니다. 맹의순 씨는 독실한 그리스도인입니다. 그래서 물을 데워서 동상으로 썩어가는 발, 냄새나는 환자들을 다 닦아주고, 제대로 말도 통하지 않는데 그 제한된 의사소통만으로 복음을 전하기도 하였습니다. 소설이라 더 극적으로 그렸는지는 모르지만, 저는 그 소설을 밤을 새워가며 읽었습니다. 단숨에 읽었습니다. 제가 존경하는 목사님이 그 책을 밤새 앉은자리에서 읽었다고 말씀하셨는데 저도 그 책을 그렇게 단숨에 읽고 감동을 받았습니다. 그 책을 읽으면서 몇 번이나 제 속에 눈물과 자책과 회개와 부러움과 같은 감정을 느꼈습니다. 그런데 이분은 도무지 잠을 자지 않습니다. 맹의순 씨는 밤늦게까지 중공군 포로들을 섬기고 나서 돌아오면 기도합니다. 그리고 나서 새벽에 일어나 새벽기도를 인도합니다. 두 시간, 세 시간 잘까 말까 한 그런 삶이었습니다. 그러고는 또 하루 종일 그들을 온 몸으로 섬겼습니다.

그런데 드디어 구명운동의 효력이 나타나기 시작했습니다. 이제 당신은 나올 수 있게 되었다고 말해주었습니다. 그런데 맹의순 씨는 안 나가겠다고 말합니다. 자신은 여기서 할 일이 더 남았다는 겁니다. 그런데 나중에는 어쩐 일인지 나가기로 마음을 먹었습니다. 이제 내일이면 나가는 날입니다. 포로수용소 밖에는 맹의순 씨가 정말 사랑했던 사람들, 친구, 동료, 애인 그런 사람들이 다 있었습니다. 얼마나 보고 싶었겠습니까? 그런데 그날 밤에 이분이 환자들을 다 씻어주고 나서 시편 23편을 읽습니다. 거기에 나오는 말이 "내 잔이 넘치나이다"입니다.

"여호와는 나의 목자시니 내가 부족함이 없으리로다. 그가 나를 푸른 초장에 누이시며 쉴만한 물가로 인도하시는도다. 내 영혼을 소생시키시고 자기 이름을 위하여 의의 길로 인도하시는도다. 내가 사망의 음침한 골짜기로 다닐지라도 해를 두려워하지 않을 것은 주께서 나와 함께 하심이라 주의 지팡이와 막대기가 나를 안위하시나이다. 주께서 내 원수의 목전에서 내게 상을 베푸시고 기름으로 내 머리에 바르셨으니 내 잔이 넘치나이다."

맹의순 씨는 이 말을 외치면서 울었습니다. "내 잔이 넘치나이다. 내 잔이 넘치나이다." 어떻게 잔이 넘칩니까? 잔의 바닥

이 드러났지요. 주께서 베푸시는 은혜란 무엇입니까? 이렇게 주님을 사랑하고, 주님을 섬기고자 하는 종을 외면하시고, 억울하게 포로수용소에 갇혀있게 하시고, 제일 열악한 환경 속에서 자기의 몸이 다 부서지도록, 말도 안 통하는 중공군 포로들을 위해서 희생하게 하셨는데 그것을 은혜라고 할 수 있습니까? 그건 세상 사람들 눈에 보이는 평가일 뿐 맹의순 씨에게는 그것은 하나님의 은혜, 그것도 넘치는 은혜였습니다. 주님의 사랑이 하도 커서, 주님의 은혜가 너무 놀라워서 잔이 넘칠 정도였습니다.

여러분의 잔은 넘칩니까? 넘치지 않는다면 주님께서 안 부어 주셨기 때문입니까? 아닙니다. 주님께서 부어 주셨습니다. 주님께서 십자가에서 다 부어 주셨습니다. 어떻게 그 이상 더 부어주실 수 있습니까? 그 사랑에 사로잡힌 맹의순 씨는 "내 잔이 넘치나이다. 내 잔이 넘치나이다."라고 외치고 그날 밤, 수용소에서 나오기 전날 밤 죽었습니다. 그렇게 꿈에 그리던 포로수용소 밖으로 나가기 하루 전날 죽었습니다.

그런데 더 놀라운 일은 그 중공군 포로들이 맹선생은 성자였다고 고백하는 것이었습니다. 말도 안 통하는 맹의순 씨, 고작 스물여섯 살의 맹의순 씨는 그렇게 살다 갔습니다. 그래서 제가 부끄럽습니다. 스물여섯 살에 나는 어떤 사람이었는가?

철이 없었습니다. 지금도 철이 없지만. 스물여섯 살 성자가 한국에 있었다니 놀랍습니다. 중공군들은 "맹선생은 하나님께서 우리에게 보내주신 사람입니다."라고 적은 글을 내놓습니다. 그 중공군 포로들이, 말도 안 통하는 포로들이 한자로 나름대로 고마운 마음을 적어서 표시하였습니다. 여기에 하나의 빛이 있습니다. 포로수용소는 정말 캄캄합니다. 열악한 환경뿐 아니라 인간성이 바닥을 드러내는 곳이었습니다. 가장 비인간적인 환경이었습니다. 그 캄캄한 어두움에 한줄기 빛이 비쳤습니다. 예수님의 사랑에 사로잡힌 한 사람, 그 맹의순 한 사람이 세상의 빛이었습니다.

여러분과 저는 지금 그 도전 앞에 있습니다. 주님께서 우리를 부르셨습니다. 너희는 세상의 소금이고 세상의 빛이다. 주님께서 우리에게 말씀하셨습니다. 이것은 주님의 간절한 염원입니다. 우리가 그렇게 되기를 주님께서는 정말 원하십니다. 이것이 주님의 소원입니다.

여러분, 우리는 어떻습니까? 우리는 세상의 빛으로 살아갑니까? 지금 제가 예로 든 마더 테레사나 맹의순 씨는 우리가 죽었다 깨어나도 닮을 수 없는 훌륭한 분들일지 모르겠습니다. 그러나 주님께서 우리에게 원하시는 것은 그런 엄청난 빛이 아닙니다. 그 이전에 작은 빛이라도 발하기를 원하십니다. 오래 전에 저희 집 문을 바꿀 일이 있었습니다. 우리가 세를 내고 살고 있었는데 집주인이 문을 수리하는 한 사람을 보냈습니다. 그가 일하는 것을 제가 옆에서 보고 있었습니다. 백인 남자입니다. 너무나 착하게 생겼습니다. 제가 묻는 말에 공손하게 대답을 합니다. 그래서 제가 궁금해 졌습니다. 이 분의 행동거지와 이 분의 표정과 이 분의 말투와 모든 것을 볼 때 궁금해졌습니다. 혹시 당신 그리스도인이냐고 물었더니 "그렇다"고 대답하더군요. 그 때 알았습니다. 아무 말 안 해도, 자기가 그리스도인이라고 밝히지 않아도, 향기가 풍기는구나.

여러분, 한국사회가 한국기독교를 반대하는 제일 큰 이유는 대형교회가 아닙니다. 여러분이 대형교회를 쉽게 비난하실 수 있는데, 저도 문제가 많다는 것을 인정합니다. 그러나 그것이 한국기독교가 비난 받은 가장 큰 이유는 아니라고 생각합니다. 예수를 믿지 않는 사람들이 자기 동네에 사는 그리스도인들, 자기와 가까운 데 사는 그리스도인들, 늘 만나고 아는 그리스도인들의 모습에서 향기를 느끼지 못했기 때문에 기독교를 비난하는 것입니다.

예수 믿는 사람들에 대해 이 사회는 그들은 너무 이기적이고, 너무 강하고, 너무 자기주장만 하고, 자기들의 권리만 주장하는 사람들로 여기고 있는 것 같습니다. 그리스도인은 무엇보다도 선량해야 합니다. 그리스도인은 착해야 된다는 말에 여러분도 동의하십니까? 이건 제 말이 아니라 성경에 있습니다. 우리 아버지 하나님께서 선하신 분이시니 우리도 마땅히 선한 하나님의 백성이 되어야 한다고 말입니다. 영악하고, 똑똑하고, 자기주장이 강한 모습이 세상이 우리를 볼 때 갖는 이미지가 되어서는 안 됩니다. 착한 사람, 손해를 기꺼이 볼 줄 아는 사람, 기다릴 줄 아는 사람, 다른 사람을 이해하고 용납할 줄 아는 사람, 져줄 줄 아는 사람으로 비추어져야 합니다. 한 사람 한 사람 여러분과 제가 우리의 생활 속에서 빛을 발해야 합니다. 얼마든지 할 수 있는 일입니다.

증거의 힘

증거의 힘이 얼마나 큰지 아십니까? 증거의 힘, 하나님께서는 세상을 바꾸는 힘을 우리의 증거에 거셨습니다. 왜 하나님께서 직접 하시지 않으실까요? 하나님께서 직접 나서셔서 세상의 악과 불의와 싸우시고, 하나님의 엄청난 권능과 초자연적인 힘으로 세상을 왜 뒤집어엎지 않으실까요? 주님께서는 그렇게 하시지 않으십니다. 주님께서는 우리에게 하라고 명령하시면서 우리에게는 어떤 수단을 맡기셨습니까? 우리가 혁명이나 전쟁을 일으키기를 원하시지 않습니다. 우리에게 증거하라고 하셨습니다. 우리 속에 있는 빛을 보이라고 하셨습니다. 팔복의 사람이 되라고, 우리 존재 자체가 하나님의 살아 계심을 증명하는 증거가 되게 하라고 하셨습니다.

이 증거가 얼마나 강력하고 놀라운지 우리가 알아야 합니다. 왜 그렇습니까? 사람들이 다 보고 있기 때문입니다. 사람들은 다 봅니다. 우리를 보고 있습니다. 우리를 통해서 하나님께서 정말 살아계신 분인지 알고 싶어 합니다. 물론 조롱도 합니다. 도무지 안 믿으려고 합니다. 비난하기도 합니다. 그렇지만 혹시라도 우리의 삶에 자신들이 가지고 있지 못한 그 무엇인가가 있지 않을까 궁금해 합니다. 그런데 알고 보니 하나도 없으면 정말 실망하는 것입니다. 예수 믿는 당신이나 예수 안 믿는 자신이나 다를 게 없다는 것을 알면 환멸하게 되는 것입니다.

그런데 우리 안에 빛이 있다면, 우리 안에 짠 맛이 있다면, 우리가 크게 목소리를 높이지 않아도, 어떤 커다란 이벤트를 만들지 않아도, 세상을 바꾸는 혁명적인 일에 나서지 않아도, 여러분과 제가 모이는 교회가 팔복의 사람들이 되고 정말 서로 사랑하며 산다면, 세상은 우리 안에 충만한 예수의 빛을 보게 되는 것입니다.

20세기 최대의 기독교 변증가 중의 한 분인 프랜시스 쉐퍼가 있습니다. 미국인인데 스위스로 선교사로 건너가 거기서 사셨습니다. 스위스에서 〈라브리〉라는 공동체를 세워 이끄셨습니다. '라브리'(La'bri)라는 말은 쉼터, 쉘터(shelter), 피난처, 보호처라는 뜻이라고 합니다. 거기에 머물면서 그는 실존주의 철학에 물들어서 인생을 허무와 무의미로만 느끼고 생각하는 세계 각지의 젊은이들을 환대했습니다.

유럽의 젊은이들, 나아가서 전 세계의 젊은이들이 스위스 라브리를 방문하고 쉐퍼 박사님을 만났습니다. 그리고 쉐퍼 박사님을 통해서 기독교의 진리를 접하고, 정말 수없이 많은 젊은이들이 예수님에게로 돌아왔습니다. 프랜시스 쉐퍼, 이 분을 타임지(Times)는 "지성인들을 향한 선교사"라고 불렀습니다. 그런데 이 분이 돌아가시기 얼마 전에 이런 말씀을 하셨습니다. "최대의 기독교 변증은 무엇인가?" 변증이란 말은 기독교를 변호하고 증거하는 일을 말합니다.

예를 들어서 하나님은 없다고 무신론자가 주장하면 하나님은 계시다고 우리의 신앙을 변호하는 것입니다. 쉐퍼 박사님은 "최대의 기독교 변증은 무엇인가? 그것은 우리가 서로 사랑하는 것입니다."라고 하셨습니다.

여러분, 기독교의 모든 변증들을 대부분의 그리스도인들은 잘 모릅니다. 대부분의 비기독교인들도 잘 모릅니다. 무신론이 얼마나 정교한 이론인지, 그 무신론에 대항하는 기독교 유신론이 얼마나 정교한 논리를 가지고 있는지 소수의 사람들만 알고 대화를 나누고 있는 것이 현실입니다. 진화론이나 여러 세속 철학에 대해 기독교는 답변을 갖고 있습니다. 제가 보기에는 너무나 설득력이 있고, 논리적이고, 강력한 변증들입니다. 그런데 우리가 그렇게 강력하게 변증해도, 그 변증으로 믿게 되는 사람은 참 적습니다. 우리의 변증에 대해 그들은 또 만만찮은 반론을 제기합니다. 둘 사이의 대화는 사실 끝이 없습니다. 그런데 세상이 반대할 수 없는 변증이 하나 있다는 겁니다. 우리가 철학적 변증, 논리적 변증도 치열하고 촘촘하게 해야 되지만, 그런 것들은 다 반론에 부딪치는 반면에 세상이 반대할 수 없는 변증이 하나 있습니다. 그것이 무엇입니까? 그것이 우리가 서로 사랑하는 것입니다. 우리가 착한 행실을 보이는 것입니다. 불의와 싸우는 삶을 사는 것입니다. 그것이 짠 맛입니다. 그것을 보고 세상은 우리를 반대할 수 없습니다.

우리가 사랑하는 모습에 반대할 세상이 어디에 있겠습니까? 우리는 그러한 삶과 인격으로 부르심을 받은 사람들입니다. 세상의 빛과 소금이 되라고 말씀하시지 않고, "너희는 이미 세상의 소금이니 너희 안에 있는 짠 맛을 잃지 않도록 하라. 너희는 이미 세상의 빛이다. 너희의 착한 행실을 보고 사람들이 하나님께 영광을 돌리게 하라."고 하십니다.

결론

열매를 맺는
성도의 삶

그들의 열매로 그들을 알지니 가시나무에서 포도를, 또는 엉경퀴에서 무화과를 따겠느냐 이와 같이 좋은 나무마다 아름다운 열매를 맺고 못된 나무가 나쁜 열매를 맺나니 좋은 나무가 나쁜 열매를 맺을 수 없고 못된 나무가 아름다운 열매를 맺을 수 없느니라 아름다운 열매를 맺지 아니하는 나무마다 찍혀 불에 던져지느니라 이러므로 그들의 열매로 그들을 알리라.

_마태복음 7장 16~19절

이번 집회에서 제가 말을 가장 많이 했습니다. 제가 설교한 시간을 재어보니까 평균 한 시간이 넘습니다. 그것을 다섯 번이나 했으니 얼마나 많은 말을 했습니까? 여러분은 부디 좋은 말씀 많이 들었다, 정도로 그치지 않기를 바랍니다. 이 말씀이 우리를 사로잡기를 원합니다. 이 복음이 우리 심령 깊숙이 뿌리내리기를 원합니다.

말씀이 선포될 때, 그 말씀이 때로는 길 가에 떨어집니다. 길가에 떨어진다는 말은 관심이 없는 사람들을 말합니다. 무슨 말을 듣든지 귀담아 듣지 않습니다. 그런가 하면 돌밭에 떨어지기도 합니다. 돌밭은 말씀을 들을 때는 기쁨으로 듣지만 흙이 얇아서 뿌리가 깊이 내리지 못하니 뜨거운 해가 뜨면 타버리고 없어지는 씨입니다. 말씀을 들을 때는 '아멘'으로 화답하는데 심성이 얕습니다. 집에 돌아가는 순간 다 잊어버릴 수 있습니다. 월요일에 직장에 나가면 주말에 좋은 말씀 들은 것이 먼 꿈나라 이야기처럼 들릴 수 있습니다. 그것은 돌밭입니다. 가시떨기에 떨어진 씨는 무엇입니까?

말씀은 들었지만 그 말씀이 자라서 열매 맺지 못하게 막는 많은 방해요소가 있습니다. 재리의 유혹과 세상의 염려들입니다. 말씀을 들을 때도 늘 얽매여 있고 매달려 있는 잡다한 관심사들 때문에 이 말씀이 열매를 맺지 못하는 것입니다. 우리 중에 길가에 떨어진 씨가 없기를 바랍니다. 돌밭에 떨어진 씨가 없기를 바랍니다. 우리 중에 가시떨기에 떨어진 씨가 없기를 바랍니다.

그럼 옥토란 무엇입니까? 말씀을 듣고 깨닫는 자입니다. 말씀을 듣고 깨닫는 자는 삼십 배, 육십 배, 백 배의 결실을 맺는다고 말씀하십니다. 이것이 마지막 메시지입니다. 우리가 팔복의 말씀을 들었고 소금과 빛에 관한 말씀을 들었습니다. 이 말씀이 우리들 마음 밭에 떨어졌는데, 그 마음 밭이 옥토여서 풍성한 열매를 맺기를 바랍니다. 삼십 배, 육십 배, 백 배의 풍성한 결실을 맺는 여러분의 교회가 되기를 바랍니다.

진짜 기독교

초판 발행 2019년 8월 30일
2쇄 발행 2019년 11월 25일

지은이   김현회
판권   ©겨자씨서원
발행인   위남량
편집   박대영
관리   김선웅

펴낸곳   겨자씨서원
출판등록   제838-99-00603호(2018. 6. 25)
주소   경기도 구리시 장자대로 37번길 70, 104동 204호
전화   010-7657-7176
이메일   mspkoreal@gmail.com

값   11,000원
ISBN   979-11-964148-2-5   03230